高等院校设计学通用教材

品牌传播

张翠玲 编著

清华大学出版社

北京

版权所有，侵权必究。侵权举报电话：010-62782989 13701121933

图书在版编目（CIP）数据

品牌传播 / 张翠玲编著 . —北京：清华大学出版社，2016
（高等院校设计学通用教材）
ISBN 978-7-302-45621-6

Ⅰ．①品… Ⅱ．①张… Ⅲ．①品牌 – 传播 – 高等学校 – 教材 Ⅳ．① F273.2

中国版本图书馆 CIP 数据核字（2016）第 283931 号

责任编辑：纪海虹
封面设计：代福平　方思璇
责任校对：王荣静
责任印制：杨　艳

出版发行：清华大学出版社
　　　　　网　　　址：http：//www.tup.com.cn, http：//www.wqbook.com
　　　　　地　　　址：北京清华大学学研大厦 A 座　　　邮　　编：100084
　　　　　社 总 机：010-62770175　　　　　　　　　　邮　　购：010-62786544
　　　　　投稿与读者服务：010-62776969, c-service@tup.tsinghua.edu.cn
　　　　　质量反馈：010-62772015, zhiliang@tup.tsinghua.edu.cn
印 装 者：三河市中晟雅豪印务有限公司
经　　销：全国新华书店
开　　本：185mm×260mm　　印　张：13.25　　插　页：1　　字　数：312 千字
版　　次：2016 年 12 月第 1 版　　　　　　　　　　　　　印　次：2016 年 12 月第 1 次印刷
印　　数：1～3500
定　　价：48.00 元

产品编号：072633-01

总序一

2011年4月，国务院学位委员会发布了《学位授予和人才培养学科目录（2011年）》，设计学升列为一级学科。设计学不复使用"艺术设计"（本科专业目录曾用）和"设计艺术学"（研究生专业目录曾用）这样的名称，而直接就是"设计学"。这是设计学科一次重要的变革。从工艺美术到设计艺术（或艺术设计），再到设计学，学科名称的变化反映了人们对这门学科认识的深化。设计学成为一级学科，意味着我国设计领域的很多学术前辈期盼的"构建设计学"之路开始了真正的起步。

事实上，在今天，设计学已经从有相对完整教学体系的应用造型艺术学科发展成与商学、工学、社会学、心理学等多个学科紧密关联的交叉学科。设计教育也面临着新的转型。一方面，学科原有的造型艺术知识体系应不断反思和完善；另一方面，其他学科的知识也陆续进入了设计学的视野，或者说其他学科也拥有了设计学的视野。这个视野，用赫伯特·西蒙（Herbert Simon）的话说就是："凡是以将现存情形改变成想望情形为目标而构想行动方案的人都是在做设计。生产物质性的人工物的智力活动与为病人开药方、为公司制订新销售计划或为国家制订社会福利政策等这些智力活动并无根本不同。"（Everyone designs who devises courses of action aimed at changing existing situations into preferred ones. The intellectual activity that produces material artifacts is no different fundamentally from the one that prescribes remedies for a sick patient or the one that devises a new sale plan for a company or a social welfare policy for a state.）

江南大学的设计学科自1960年成立以来，积极推动中国现代设计教育改革，曾三次获国家教学成果奖。在国内率先实施"艺工结合"的设计教育理念，提出"全面改革设计教育体系，培养设计创新人才"的培养体系，实施"跨学科交叉"的设计教育模式。从2012年开始，举办"设计教育再设计"系列国际会议，积极倡导"大设计"教育理念，将国内设计教育改革同国际前沿发展融为一体，推动设计教育改革进入新阶段。

在教学改革实践中，教材建设非常重要。本系列教材丛书由江南大学设计学院组织编写。丛书既包括设计通识教材，也包括设计专业教材；既注重课程的历史特色积累，也力求反映课程改革的新思路。

当然，教材的作用不应只是提供知识，还要能促进反思。学习做设计，也是在学习做人。这里的"做人"，不是道德层面的，而是指发挥出人有别于动物的主动认识、主动反思、独立判断、合理决策的能力。虽说这些都应该是人的基本素质，但是在应试教育体制下，做起来却又那么的难，因为大多数时候我们没有被赋予做人的机会。大学教育应当使每个学生作为人而成为人。因此，请读者带着反思和批判的眼光来阅读这套丛书。

清华大学出版社的甘莉老师、纪海虹老师为这套丛书的问世付出了热忱、睿智、辛勤的劳动，在此深表感谢！

高等院校设计学通用教材丛书编委会主任
江南大学设计学院院长、教授、博士生导师

辛向阳
2014年5月1日

总序二

中国设计教育改革伴随着国家改革开放的大潮奔涌前进，日益融合国际设计教育的前沿视野，日益汇入人类设计文化创新的海洋。

我从无锡轻工业学院造型系（现在的江南大学设计学院）毕业留校任教，至今已有40年了，亲身经历了中国设计教育改革的波澜壮阔和设计学科发展的推陈出新，深深感到设计学科的魅力在于它将人的生活理想和实现方式紧密结合起来，不断推动人类生活方式的进步。因此，这门学科的特点就是面向生活的开放性、交叉性和创新性。

与设计学科的这种特点相适应，设计学科的教材建设就体现为一种不断反思和超越的过程。一方面，要不断地反思过去的生活理想，反思曾经遇到的问题，反思已有的设计理论，反思已有的设计实践；另一方面，要不断将生活中的新理想、现实中的新问题、设计中的新思考、实践中的新成果吸纳进来，实现对设计学已有知识的超越。

因此，设计教材所应该提供的，与其说是相对固定的设计知识点，不如说是变化着的设计问题和思考。这就要求教材的编写者花费很大的脑力劳动，才能收到实效，编写出反映时代精神的有价值的教材。这也是丛书编委会主任辛向阳教授和我对这套丛书的作者提出的诚恳希望。

这套教材命名为"高等院校设计学通用教材丛书"，意在强调一个目标，即书中内容对设计人才培养的普遍有效性。因此从专业分类角度来看，丛书适用于设计学各专业；从人才培养类型角度来看，也适用于本科、专科和各类设计培训。

丛书的作者主要是来自江南大学设计学院的教师和校友。他们发扬江南大学设计教育改革的优良传统，在设计教学、科研和社会服务方面各显特色，积累了丰富的成果。相信有了作者的高质量脑力劳动，读者是会开卷有益的。

清华大学出版社的甘莉老师是这套丛书最初的策划人和推动者，责编纪海虹老师在丛书从选题到出版的整个过程中付出了细致艰辛的劳动。在此向这两位致力于推进中国设计教育改革的出版界专家致以诚挚的敬意和深深的感谢！

书中的缺点错误，恳望读者不吝指出。谢谢！

高等院校设计学通用教材丛书编委会副主任
江南大学设计学院教授、教学督导
无锡太湖学院艺术学院院长

陈新华
2014年7月1日

目 录

- I 总序一
- III 总序二

- 1 第一章 品牌概念

  - 1 第一节 品牌发展简史
  - 2 第二节 品牌的定义
  - 4 第三节 产品的品牌化
  - 6 第四节 品牌识别
    - 7 一、识别元素
    - 8 二、品牌起源、愿景与成就
  - 10 第五节 品牌形象
    - 11 一、理想的用户形象
    - 12 二、购买及使用情景
    - 12 三、品牌个性
    - 13 四、历史、传统及体验
  - 14 第六节 品牌定位与价值
    - 14 一、定位的概念
    - 15 二、定位的步骤
    - 17 三、品牌核心价值

20　第二章　品牌传播定义及相关理论

20　　第一节　品牌传播的定义
21　　　　一、品牌资产
25　　　　二、品牌传播手段
26　　　　三、品牌传播受众
28　　　　四、品牌传播目标
29　　第二节　品牌传播涉及的研究领域
29　　　　一、传播学
32　　　　二、市场营销
35　　　　三、消费者行为学
37　　第三节　品牌传播的经典理论
37　　　　一、达彼思的USP策略
39　　　　二、奥格威品牌形象论
40　　　　三、企业识别
42　　　　四、定位理论
43　　　　五、整合营销传播

46　第三章　品牌传播策略

46　　第一节　品牌传播策略的概念
46　　　　一、策略概念产生的背景及含义
49　　　　二、制定品牌传播策略的原则
50　　第二节　品牌传播策略的内容
51　　　　一、目标受众策略
52　　　　二、传播目标策略
54　　　　三、信息策略
56　　　　四、传播手段和渠道策略
57　　　　五、收集传播反馈信息
58　　第三节　整合营销传播策略
58　　　　一、整合营销传播概念
60　　　　二、进行整合营销传播的原因和意义

| 62 | 三、整合营销传播的方式与应用 |

70　第四章　品牌传播手段

70	第一节　广告传播
72	一、广告的特征及定义
75	二、广告的类型
76	三、广告的作用与目标
77	四、广告的参与者
78	第二节　促销传播
79	一、促销传播的概念
80	二、常见的促销传播方式
83	第三节　事件营销
83	一、事件营销的定义与特点
84	二、事件营销的种类
87	第四节　赞助传播
88	一、赞助的概念
89	二、赞助的优缺点
90	三、赞助的类别
95	四、赞助的注意事项
95	第五节　口碑传播
97	一、口碑传播的定义
97	二、口碑传播的特征
98	三、互联网时代的口碑传播
101	第六节　公共关系传播
102	一、公共关系的定义
103	二、公共关系的作用与影响
104	三、公共关系的职能与手段

108　第五章　品牌传播媒介

- 108　第一节　传统媒介类型和特征
- 108　　　一、媒介概念
- 109　　　二、传统媒介分类及特征
- 115　第二节　互联网新媒介
- 115　　　一、互联网媒介特征
- 117　　　二、品牌的互联网传播类型
- 124　　　三、品牌的互联网传播趋势
- 125　第三节　媒介策略
- 125　　　一、媒介策略的内容
- 127　　　二、媒介的选择与组合
- 130　　　三、媒介排期的连续性
- 131　　　四、另类媒介的运用

134　第六章　品牌传播受众

- 134　第一节　受众的概念及角色
- 134　　　一、受众的概念
- 135　　　二、品牌传播受众的类型
- 138　　　三、受众在品牌传播中的角色
- 141　第二节　受众的购买与消费行为
- 141　　　一、影响消费行为的因素
- 144　　　二、消费购买决策行为过程
- 147　　　三、消费购买环境的发展趋势
- 150　第三节　受众的信息接触行为
- 150　　　一、受众的信息接触方式
- 152　　　二、受众的信息处理过程
- 155　　　三、受众的信息反馈

158　第七章　数字化营销与品牌传播

159　第一节　品牌传播的社交化
159　　　一、社交化传播平台布局
161　　　二、利用社交媒体进行传播
164　　　三、虚拟品牌社区的传播策略
165　第二节　品牌传播的移动化
165　　　一、品牌传播的移动化趋势
166　　　二、移动化传播的特性
168　　　三、品牌移动传播策略
172　第三节　品牌传播中的消费者参与
172　　　一、消费者参与传播的重要性
173　　　二、消费者参与传播的方式
176　　　三、消费者参与传播的风险
177　第四节　大数据在品牌传播中的应用
177　　　一、大数据的含义与来源
178　　　二、大数据对品牌营销管理的影响
180　　　三、品牌传播中的大数据应用

185　第八章　品牌传播效果评估

186　第一节　评估传播目标实现的程度
186　　　一、有关传播目标的争论
187　　　二、影响传播目标实现的其他因素
188　第二节　评估受众对信息的接触
189　　　一、电子媒体信息接触的评估指标
190　　　二、平面及户外媒体信息接触的评估指标
191　　　三、网络媒体信息接触的评估指标
192　第三节　评估受众的态度
193　　　一、对信息内容的态度评估

195　　二、对品牌认知的态度评估
197　第四节　评估受众行为的变化
197　　一、评估购买行为
199　　二、评估传播参与行为

202　参考文献

第一章 品牌概念

当今世界许多成功的企业和组织都意识到一个问题，那就是品牌越来越成为其资产构成中最有价值的部分，也越来越成为产品或服务与消费者之间沟通情感并建立联系的重要渠道。在工厂生产产品，在消费者心智中创建品牌。苹果公司前CEO史蒂夫·乔布斯（Steve Jobs）曾说，IT公司的主战场不在实验室，而在消费者的右脑和左心房，这里的"实验室"指的是技术领域，而"消费者的右脑和左心房"指的就是消费者的情感和心智。

可口可乐公司有一句非常著名的企业宣言："假如有一天可口可乐在全世界的工厂一夜之间被火烧光，那也没关系，过不了多久我们就可以在所有废墟上重建新的厂房，因为全世界所有的银行一定会在第一时间争相给我们贷款。"曾任桂格燕麦片公司CEO的约翰·斯图亚特（John Stuart）也曾说过："如果公司被拆分，我愿意给你厂房、设备等有形资产，而我只需要品牌和商标，但相信我一定会比你经营得更好。"这就是品牌的力量。

第一节 品牌发展简史

今天我们所面对的一切物品几乎都有品牌的痕迹，然而品牌却并不是现在才有的概念，品牌的存在已经跨越了好几个世纪。"品牌"这一词语来源于古斯堪的纳维亚语"brandr"，意思是"烙印"或者"燃烧"，告诉别人"不许动，它是我的"，原本是牲畜所有者烙在动物身上用来识别所有权的标志。

品牌化的原型——商品命名最早可以追溯到古代的陶器和石匠的标

记，手工艺人用签字作为标志，以区别他们的劳动成果。在中国古代的瓷器，古希腊、古罗马出土的陶罐，以及公元前1300年的印度商品上，都发现了这种标记。直到今天仍然有许多商品沿用这种原始的命名方式。在中世纪，除了陶艺人的标记，还有一些印刷匠人的标记、纸上的水印、面包上的标记，以及各种手工协会的标记，这些标记有些是手工制造业者用来吸引忠实顾客的，有些是行业用来管制低劣产品制造者的，例如，1266年一项英国法律要求面包师在每一块出售的面包上都做上记号，目的是如果有人短斤缺两，马上就可以知道是谁。

当欧洲人移民北美的同时，也将品牌化的传统带到了美国，最早的实践者是药品制造商，为了促销各种药品，使之成为人们生活的必需品，他们对产品包装进行了改进，同时印制精美独特的标签，并将生产商自己的画像放在标签的中心位置。烟草制造商也开始给自己的产品赋予更有创意的名称，并不断改进产品包装。这些直接促成了早期图形标签、装饰物以及符号等品牌元素的诞生，品牌的形式从最初单纯的标记逐渐变得丰富起来。

到19世纪末，随着资本主义的发展，交通和通信的改善促成了产品跨地区的全国性销售，生产流程的改进节约了成本，这些使得大规模批量生产成为可能，包装的改进促进了生产商注册商标的盛行，商品名称和商标的使用范围越来越广泛，假冒和仿制活动的猖獗促成了第一部注册商标法的诞生，品牌的发展逐渐变得规范有序，在1931年宝洁公司首创了"品牌经理制"。

现代意义的品牌研究出现在第二次世界大战以后，战后人口快速增长激发了市场需求，社会生产技术突飞猛进使得产品同质化日趋严重，无论是企业还是消费者都渴望差异化的产品和服务，企业的品牌化经营与管理变得越来越重要，品牌不再单纯只是区别产品所有者的标记，而是具有了更多情感与精神含义的抽象概念。越来越多的公司开始将品牌管理纳入公司的发展战略体系。

第二节 品牌的定义

究竟什么是品牌呢？中外众多企业管理与市场营销领域的专家学者们从不同角度对品牌进行了界定，为方便理解，这里我们将现在的品牌概念分为以下几个类别：

1. 品牌是符号

将品牌看成是具有区别功能的特殊符号。营销学者麦克·威廉（McWilliam）等人在著作中提出："品牌是用以识别的区分标志。同时品牌是速记符号，是更有效沟通的代码。"国内知名品牌学家陈放、谢宏提出："品牌又叫牌子，是一种名称、术语、标记、符号或图案，或是它们的相互组合，用以识别某个销售者或者某群销售者的产品和服务，并使之与竞争对手的产品和服务相区别。"也有人说："品牌是名称、个性、标识、来源国、广告主体以及包装方式集合的符号象征。是产品实质与商标、广告等各种元素的总和。"还有人提出："品牌是指组织的无形资产部分，是基于抽象意义上的组织表达，它泛指具备名称、标志等品牌外在要素的事物。"

2. 品牌是形象

认为品牌是企业或产品在市场及社会公众心中所表现出的个性特征，它体现消费者对品牌的评价与认知。营销大师菲利普·科特勒（Philip Kotler）说："品牌是一种你赋予公司或产品的独有的、可视的、情感的、理智的和文化的形象。"品牌专家梁中国认为："品牌是凝聚着企业所有要素的载体，是受众在各种相关信息综合性的影响作用下，对某种事或物形成的概念与印象。它包含着产品质量、附加值、历史以及消费者的判断。在品牌消费时代，赢得消费者的心远比生产本身更重要，品牌形象远比产品和服务本身重要。"有人说："品牌是指企业或者产品通过营销传播在市场和消费者心目中所建立的形象和性格，是企业或者产品的内在质量和外在特征的综合反映。"也有人提出："品牌不是产品，但是它赋予产品意义并确定产品的形式、形象和价值。"

3. 品牌是关系

认为品牌是产品或企业与消费者之间的关系。奥美广告公司曾提出："品牌是产品与消费者之间的一种特殊关系，是一种价值传递机制。"约翰·菲利普·琼斯（John Philip Jones）认为："品牌是指能为顾客提供其认为值得购买的功能利益及附加价值的产品，附加价值是品牌定义中最重要的部分。"唐·舒尔茨（Don E. Schultz）说："品牌是为买卖双方所识别并能够为双方都带来价值的东西。"品牌专家戴维·阿克（David Aaker）认为："品牌就是产品、符号、人、企业与消费者之间的联结和沟通。是一种消费者能亲身参与的更深层次的关系，一种与消费者进行理性和感性互动的总和，若不能与消费者结成亲密关系，产品就从根本上丧失了被称为品牌的资格。"

4. 多要素的综合

品牌管理专家陈云岗说:"品牌是某一组织在与目标消费者及其他利益关系者建立持续交易关系的过程中,使之产生偏好和忠诚,从而不断获得投资净值的人格化的产品、服务或组织。"杜纳·E.科耐普(Duane E. Knapp)提出:"品牌是以某些独特的品质属性为特征的事物的集合。"美国市场营销协会(AMA)在1960年将品牌定义为:品牌是一种名称、术语、标记、符号和设计,或是它们的组合运用,其目的是借以辨认某个销售者或某销售者群体的产品或服务,并使之同竞争对手的产品和服务区别开来。

以上这些论述从不同角度对什么是品牌进行了解释,为我们正确理解品牌起到了重要的参考作用。值得一提的是,美国市场营销协会和企业界之间对"品牌"的定义存在区别,前者是以小写字母b为首指代品牌本身"brand",后者则以大写字母B为首指代品牌的内涵"Brand",虽然在中文表达中均使用"品牌"二字,但认识到这种差别很重要,因为对品牌内涵与外延,或者品牌原理与品牌战略的不同理解通常都与品牌定义的不同指向有关,这一点在后面的讲解中我们将会有更深刻的体会。

第三节 产品的品牌化

菲利普·科特勒对产品的定义是:提供给市场以满足需求的任何东西。产品呈现为下列诸多形式,包括有形产品或实体产品(如家电、麦片、饮料等);服务(如银行、保险、航空业等);零售商店(如咖啡店、超市、专卖店、百货公司等);人(如政治人物、运动员、演员等);地理区域(如城市、地区或者国家等);机构或组织(如非营利组织、贸易组织、艺术团体、行业协会等);想法或理念(如政治或者社会事件等)。

产品的概念通常包含以下几个层次:

(1)核心产品。核心产品是指向顾客提供的产品的基本效用或利益。从根本上说,每一种产品实质上都是为解决问题而提供的。

(2)形式产品。形式产品是指核心产品借以实现的形式。通常包括品质、式样、特征、商标及包装。即使是纯粹的服务,也具有类似的形式上的特点。

（3）期望产品。期望产品是指购买者在购买产品时，期望得到的与产品密切相关的一整套属性和条件。

（4）附加产品。附加产品是指人们购买形式产品和期望产品时附带获得的各种利益的总和，包括产品说明书、保证、安装、维修、送货、技术培训等。

（5）潜在产品。潜在产品是指现有产品所有可能的演变趋势和前景。

图1-1显示了产品概念中不同层次之间的关系。以酒店这种结合有形产品与服务的产品形式来看，核心产品（也称为核心利益）是指酒店通常用来满足消费者休息与睡眠的需求；形式产品是指要达成休息与睡眠的目的而提供的床、浴室及毛巾等物品；期望产品是指干净整齐的床品以及安静的环境等，通常期望产品的提供就能基本满足消费者对该产品的消费期待；附加产品是指酒店提供的一些附加利益，包括茶叶、吹风机、鲜花水果、美味早餐等；潜在产品是酒店可能出现的一切创新形式，一些更注重文化与体验的主题酒店，就以创新性设计为酒店赋予了更多发展潜能，如斐济的Namale度假酒店能为顾客提供一项名为"绑架体验"的服务。

通过前面我们对品牌定义的介绍可以看出，品牌的含义比产品更广泛，因为品牌具有不同的纬度，这些纬度可以是理性的、有形的，与品牌代表的产品相关；也可以是感性的、抽象的、有象征意义的，与品牌代表的情感和文化有关。当我们提到可口可乐（Coca-Cola）时，可口可乐产品与可口可乐品牌是不一样的（图1-2）。可口可乐产品主要包括两个部分：药剂师约翰·潘博顿（John Pemberton）发明的糖浆，以及经典曲线瓶。可口可乐品牌所包含的内容却远不止这些，从视觉识别上来说，Coca-Cola的字体及色彩设计是其品牌的重要组成部分；从品牌文化上来

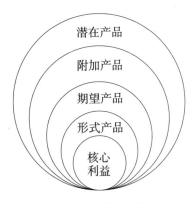

图1-1　产品的层次

图1-2　可口可乐品牌及产品

讲，可口可乐体现着几代美国人乐观向上的品牌文化，对于许多美国人来讲，"可口可乐是装在瓶子里的美国之梦"，它已经成为美国的一种象征；从品牌与消费者之间的关系上来讲，许多消费者对可口可乐的迷恋甚至达到了"宗教般执着与狂热"的地步，1972年一位设计师出版了《可口可乐收藏插图指南》，有可口可乐社区成员说："我们许多人像对待《圣经》一样对待这本书。"同样，当我们提到苹果（Apple）品牌时，其产品与品牌所指向的内容是不同的。

产品是具体的存在，品牌则存在于消费者脑海里，品牌的角色通常包括品质、地位、奖赏、自我表现、感受等。产品的品牌化是指赋予产品和服务品牌的力量，品牌化的关键是要让消费者认识到品类中不同产品之间的差异，因此，我们也可以认为品牌化的过程就是建立差异性的过程。结合上述产品类型的分析，可以发现同品类产品品牌化的不同表现，实体产品，如奔驰汽车与宝马汽车、海飞丝洗发水与清扬洗发水；服务，如中国银行与中国工商银行、新加坡航空与维珍航空；零售商店，如星巴克与Costa、沃尔玛与麦德龙；人，如冯小刚与周星驰、姚明与大卫·贝克汉姆；地理区域，如上海与北京、拉斯维加斯与新加坡；机构或组织，如红十字会与WWF；想法或理念，如地球一小时与自由贸易等。上述这些同品类产品的不同品牌都体现出明显的差异。

有些强势品牌的差异性体现在产品自身，即让消费者相信该产品拥有高质量或某些独特性能，如英特尔的"Intel Inside"计划，沃尔沃汽车的"安全"诉求等；另外还有一些品牌由于产品本身的差异性并不存在或不明显，因此差异建立在形象、情感等非产品层面，如体现浮华、时尚形象的瓶装巴黎水（Perrier），以及"钻石恒久远、一颗永流传"的戴比尔斯钻石。

第四节　品牌识别

在品牌构成中，有一个非常重要的元素，那就是你是谁。一个品牌就像一个人，界定你是谁非常重要，这个"你是谁"指的就是品牌识别。

品牌识别主要包含以下内容：识别元素、与品牌相关的人、起源、愿景、成就等，这些内容中识别元素是我们关注最多的，对于消费者来说，他们并不能直接感受到公司或者品牌的文化、战略、使命或者价值观和哲学,但是他们对于品牌的外在表现形式却能直观地感受到,因此企业会花大力气来对品牌识别元素进行设计。

一、识别元素

品牌的识别元素是那些用以识别和区分品牌的商标设计。主要的识别元素有:品牌名称、URL、标识、形象代表、品牌口号、广告曲和包装,所有品牌元素都对品牌认知和品牌形象的产生发挥重要作用。

品牌名称(Brand mark)以非常简洁的方式反映产品的内容和主要联想,通常在众多的广告和其他宣传方式中消费者唯一能记住的就是品牌名称,因此对于品牌来讲,它是最基本也是最重要的识别元素。品牌名称又包括中文名称和英文名称,如Mercedes-Benz/梅赛德斯-奔驰,Coca-Cola/可口可乐。

URL(统一资源定位器)也叫域名,用来确认互联网上的网页地址。随着网络技术的广泛运用,网络成为企业品牌建设的重要阵地,也是消费者获取信息的重要渠道。域名的注册、保护和使用对品牌的发展具有战略性意义,苹果公司通过收购和注册的方式持有超过300个域名,后续也会继续收购有价值的域名。

标志(Logo)是指以图形或者文字性符号为主的品牌视觉识别元素,可以是商标,比如使用文字的可口可乐、UNIQLO(优衣库),也可以是抽象的符号,比如奔驰的三叉星、劳力士的皇冠等(图1-3)。

图1-3 品牌标志

形象代表是以动画或者活生生的人物为题材的一种特殊类型的品牌符号,往往色彩丰富、充满想象力和个性特征,能使品牌更加可爱且具有乐趣。形象代表往往具有人性化的特征，因此很容易与消费者之间建立情感联系，是品牌与消费者之间进行沟通的重要手段。著名的品牌形象代表有麦当劳叔叔、米其林轮胎人，以及国内非常知名、拥有众多粉丝的海尔品牌形象代表海尔兄弟等。

品牌口号（Brand Slogan）是用来传递有关品牌的描述性或说服性信息的短语，品牌口号是品牌宣传的有利方式，因为它与品牌名称一样，能迅速有效地建立起品牌认知。知名的广告口号有金利来"男人的世界"，耐克"just do it"，海尔"真诚到永远"等。此外，广告曲也是创建品牌联想时颇有价值但又往往会被忽略的一个重要手段，广告曲是用音乐的形式描述品牌，通常由职业作曲家创作，其上口的旋律与和声往往会在消费者脑海中留下深刻的记忆。有些知名品牌会精心创作自己的广告曲，如趣多多"don't you want me baby"，美即面膜"the magic moment"，绿箭口香糖"the rhythm of the rain"等。

包装（packaging）是为在流通过程中保护产品、方便贮运、促进销售，按一定技术方法而采用的容器、材料及辅助物等的总体名称。包装可以方便产品储存、运输和保护，包装上通常有关于产品描述性和说服性的信息，因此可以帮助消费者决策，促进产品消费。包装也有助于品牌识别，因此许多著名品牌都拥有并坚持自己独特的包装形式，最为成功的典型代表就是蒂芙尼（Tiffany）的蓝色礼盒，虽然只是一个扎着白色丝带的普通包装盒，却成了高品质的代表，具有极高的辨识度，人们习惯性地将礼盒的蓝色称呼为"Tiffany蓝"。哥伦比亚大学商学院教授Bernd Herbert Schmitt曾在自己的著作中写道："已经不止一次有人在送礼的时候刻意把其他品牌的东西放在Tiffany的盒子里，来提高礼物的档次。"

二、品牌起源、愿景与成就

品牌识别中除了上述常见的识别元素之外，还有一些内容也非常重要，包括与品牌相关的人、起源、愿景、成就等。与品牌相关的人是指在品牌发展过程中曾发挥关键作用的一些人，通常是指品牌的创始人，比如苹果的前CEO乔布斯，香奈儿品牌创始人Coco Chanel，作为品牌的创始者，其人物性格与态度直接决定了品牌特征与内涵，成为品牌识别不可忽略的组成部分。最后是品牌愿景与成就，是指品牌基于自己要带领消费者达成的理想生活状态而确定的未来发展蓝图与终极目标，及已经获得的成就。从本质上来讲，品牌愿景既可以告知消费者品牌的价值观是什么，同时也可以激励内部员工为了共同的目标和理想而奋斗。多芬的品牌愿景是"让更多的女性感受到美丽"，多芬一直关注平凡女性的真实之美，多年来以"全球真美运动"在世界万千女性心中建立起对品牌的信任。

上面我们介绍了品牌识别的相关内容，需要提出的是，品牌的基本构成除了品牌识别之外，还有许多重要的内容。日本电通广告有限公司首席品牌咨询顾问、品牌创造中心本部总经理冈崎茂生曾经提出了著名的品牌构筑模型，该模型将品牌构筑的内容分为三个部分，分别是上述的品牌识别，以及品牌经营和品牌传播。如果说品牌识别是关于"你是谁"的问题，那么品牌经营与品牌传播是关于"你做什么"和"你怎么说"的问题。品牌经营通常指品牌涉及的业务领域、产品的研究、开发与生产、产品与服务设计、产品配送、企业社会责任等。品牌传播则包含广告、公共关系、促销、赞助等营销传播活动。品牌传播是本书的主要内容，在这里先不赘述。品牌识别决定了品牌经营，品牌经营决定了品牌传播，品牌传播又强化了品牌识别，三者之间相辅相成，传播战略必须与识别战略和经营战略携手并进，才能获得成功（图1-4）。

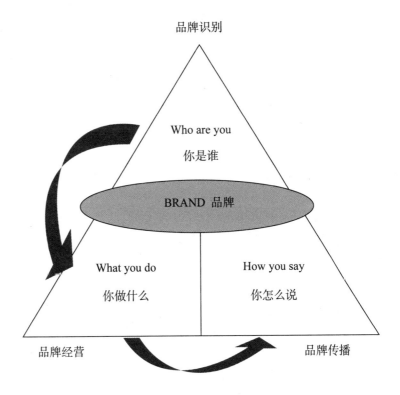

图1-4 冈崎茂生的品牌构筑

品牌建设不是美丽虚幻的空中楼阁，虽然品牌可以通过传播活动被符号化、可以具有象征意义，但是品牌最基本的组成部分——产品与服务必须是务实且可靠的，可口可乐发展了近百年，其品牌可以代表美国文化，甚至代表普世价值，但有一点不可忽略那就是可口可乐它确实好喝。当我们欣赏许多国际知名品牌各种形象的、情感的、创意超前的广告时，也不要忘记这些品牌也曾经历过产品功能诉求为主的阶段，品牌价值的升华必须建立在能够提供高质量的产品并满足消费者需求的基础之上。

> **案例：米斯特比萨（Mr. Pizza）的品牌构筑**
>
> 继承纽约曼哈顿传统烹饪方法的米斯特比萨，自1990年在韩国起家以来，已有20多年的发展历史，在这期间，成为"人们最喜爱的比萨"一直是米斯特比萨孜孜不倦的追求。如今，米斯特比萨已经成长为在韩国拥有400多家分店及物流基地、呼叫中心、进修院及数千名员工的坚实企业。
>
> 北京米斯特比萨自2000年成立以来，在众多消费者的关爱下，正茁壮成长。米斯特比萨有信心在不久的将来，会成为13亿中国消费者最喜爱的第一比萨品牌。米斯特比萨坚持3个100%原则，即100%手工制作，100%现定现做，100%筛盘烤制。
>
> 米斯特飞饼团成立于2007年6月，米斯特比萨本着能体现其纯手工制作的特点成立了这个团体。团体由4个成员组成，自成立至今已经参加过大大小小的表演活动超过300多场，在中国参加过诸如深圳卫视《年代秀》、央视《我要上春晚》和《吉尼斯中国之夜》等节目，成为米斯特比萨品牌独特的传播方式。同时，创始人郑又铉出版著作《我是匠人》一书，也为消费者了解该品牌起到了重要作用。
>
> 思考：在米斯特比萨的案例中，其品牌识别、品牌经营与品牌传播的具体体现是怎样的？三部分内容是如何相辅相成的？

第五节　品牌形象

品牌形象（Brand image）一直是营销管理中非常重要的一个概念，是品牌在消费者心中所表现出的个性特征，体现消费者对品牌的感知与认知，通常是指人们如何从抽象的角度，而不是从现实的角度来理解一个品牌，因此品牌形象更多是品牌的无形元素。比如，当我们提到阿迪达斯时，有关其品牌形象的联想可能有以下一些词汇：个性表达、运动经典、复古、街头文化、时尚、潮流、新鲜活力、创造力等；当我们提到星巴克时，可能有以下一些关于品牌形象的描绘：休闲、体验、第三空间、小资、人文、多样性等。消费者可以从自身的直接使用经验中来形成品牌形象的联想，但更多是从广告或口碑等其他营销传播渠道来形成品牌形象的联想。

品牌专家戴维·阿克（David A. Aaker）曾说过：一个人的形象为其提供了前进方向、目标和存在的意义。同样，品牌形象也为品牌提供了方向、目标和存在意义，是品牌战略远景的核心内容。但值得注意的是，对品牌形象的描述虽然是消费者的角度，但品牌形象不是由消费者决定的，而是由品牌战略的制定者来决定的，是企业或者品牌战略制定者希望品牌如何被消费者所感知和认识。

品牌形象虽然是抽象的和无形的，对品牌形象的衡量也没有统一的标准，但品牌管理专家凯文·莱恩·凯勒认为以下四个部分的内容对品牌形象的形成有决定性作用：理想的用户形象，购买及使用情景，个性，历史、传统及体验。

一、理想的用户形象

理想的用户形象会影响品牌形象的联想，消费者通常会首先把品牌形象建立在对用户形象的理解之上，因此许多品牌会非常谨慎地对目标消费者进行定位。用户形象可以从人口因素和心理因素两个方面来衡量。其中人口因素包括以下几个方面：

（1）性别：有些品牌专为男性而设计，有些品牌则专为女性而设计。比如万宝路的香烟以男性作为目标市场，具有强烈的男性气质；而德芙巧克力则更多受到女性的青睐。

（2）年龄：品牌对不同年龄段的消费者有不同的吸引力。比如在中国市场通常认为宝马车的消费者比奔驰车的消费者更年轻，麦当劳更受到年轻人和孩子的喜欢。

（3）种族：在一些多种族集聚的市场上，会针对不同的种族特征推出不同产品。

（4）受教育程度：以用户的受教育程度来定位目标消费者。比如中国颇具影响力的杂志《南方周末》对读者群的定位是："我们的读者有思想、我们的读者有责任感、我们的读者占有社会资源影响中国发展，他们是知识型读者。"

（5）收入：有些高档汽车、服装、配饰及其他奢侈品等是城市高收入群体追逐的对象。

心理因素主要是指生活方式和价值观，即人们如何度过闲暇时光，人们对生活、职业、金钱、社会问题、政治问题的态度，人们认为生命中什么事情是有价值的、什么是重要的等问题的看法。比如，有些品牌的使用者被认为是环保主义的，有些品牌的使用者具有追求自由、旅行或者文艺的特征，有些品牌的使用者被认为是具有冒险精神和开拓意识的，还有一些品牌的使用者被认为是保守的、传统的，等等。

二、购买及使用情景

第二类品牌形象的联想是关于人们在什么情况下购买和使用该品牌的问题。购买情形通常和销售渠道的类型有直接关系，如批发市场、折扣店、超市、中档百货公司、高档百货公司、专卖店或者珍藏品商场等，不同的购物场所会带给消费者不同的形象联想。

使用情景在消费体验和构建品牌联想过程中也发挥着越来越重要的作用，它是消费者对于在什么时间、什么场合、什么地点来使用该品牌的一种认知。比如，作为冰淇淋品牌，哈根达斯通过"爱她，就请她吃哈根达斯"的品牌传播活动，在消费者心目中树立了一种情侣间表达情谊时来消费该品牌的使用场景，成功建立了有关"爱情"与"珍贵"的品牌联想；奥利奥是一个饼干品牌，通常情况下人们对饼干的认知是用来饱腹或者打发闲暇时光的，但这种使用情景限制了品牌的消费，因此奥利奥在近几年的品牌营销传播活动中致力于打造"好吃好玩"的消费体验，通过将奥利奥作为一种材料加入到其他如花式蛋糕、花式冰淇淋等的制作中，扩展了品牌的使用情景，在消费者心目中建立起充满想象、好吃好玩的品牌形象。

三、品牌个性

品牌个性是指品牌所特有的人格特征。20世纪80年代以前，大部分学者认为品牌个性就是品牌形象，该论断过分强调了品牌个性与品牌形象的一致性，而没有加以区别，目前大部分学者比较赞同"品牌个性是品牌形象的一个重要构成维度,而非唯一构成维度"的观点。凯文·莱恩·凯勒认为品牌如人,会呈现出时尚、守旧、活力四射、怪诞等个性。有国外学者将品牌个性分为五个维度,分别是:真诚(如朴实、诚实、健康、愉快),激情(如勇敢、富有想象力),能力(如可靠、睿智、成功),优雅(如高端、有魅力),粗犷(如外向、硬朗)等。

中国学者黄胜兵和卢泰宏通过实证研究开发了中国本土化的品牌个性维度量表,从中国传统文化角度将品牌个性维度阐释为"仁、智、勇、乐、雅"五个方面,这种划分方式也被广泛认同。同上述五个维度的划分方式相对应,其中"仁"同"真诚"接近,是形容品牌具有的优良品行和高洁品质,比如务实、诚实、正直等;"智"同"能力"接近,是形容品牌聪慧、沉稳、可靠和成功等品质;"勇"同"激情"和"粗犷"接近,是形容强壮、坚韧、勇敢等形象特征;"乐"比较具有中国特色,具有表达积极、自信、乐观、时尚的含义;"雅"同"优雅"接近,涵盖了有品位、有教养等词汇,用来形容儒雅的言行风范和个性。

广告传播对品牌个性的形成有重要的影响力,广告中的用户形象和使用场景会影响消费者对品牌个性的判断,特别是消费者对广告中代言人个性特征的认知会直接转移到对品牌个性的认知上。因此,当企业想要在消费者心中营造一定的品牌个性时,通常会选择具有该个性特征的某些代言人。品牌个性一旦形成,消费者就很难再接受与该品牌个性不相符合的信息。消费社会里有一个隐喻,即"你消费什么你就是什么",对于消费者来说,他们通常会选择和使用能高度自我表达的品牌,也就是说那些品牌个性与消费者对自我个性形象认知一致的品牌更容易获得消费者青睐。

四、历史、传统及体验

最后消费者自身对该品牌的使用经历和体验,以及品牌的历史、传统或发展过程中的一些特殊事件也会成为品牌形象的重要组成部分。消费者的使用经历和体验可以是消费者个人的,也可以是消费者和家人、朋友一起经历的行为。比如麦当劳通过鼓励和赞助年青人从虚拟网络空间走出来与朋友在现实中见面,并提供见面场所、相关活动与产品,成为年轻消费者有关成长、友谊等日常生活记忆非常重要的组成部分。

品牌的历史、传统和价值观也会深刻地影响品牌形象。许多酒类品牌会在包装上标注起始年份,也有许多品牌会精心设计并建造自己的品牌博物馆，例如，由工厂和仓库改建而成的健力士啤酒展览馆（图1-5），以及奔驰轿车博物馆等，都是为了表明品牌的发展历史以增强品牌权威和值得信赖的形象；许多品牌会一直强调自己的原产国，因为消费者会将对原产国的形象认知转移到该品牌上，如奔驰、宝马和奥迪汽车会强调自己是德国品牌，拥有德国制造工艺的精密与严谨性。Ben & Jerry冰淇淋品牌一直给消费者强烈的社会责任感、自由的价值观等形象联想，这是因为该品牌为抗击全球变暖带来的负面影响，一直支持在购买咖啡和其他原材料时进行公平贸易，只使用经过鉴定以人道的方式饲养的母鸡下的蛋。

图1-5 健力士啤酒展览馆

第六节 品牌定位与价值

一、定位的概念

在汽车市场，不同品牌在消费者心中形成了差异性的品牌定位和价值描述，如劳斯莱斯是"皇家贵族的坐骑"，奔驰是"尊贵而稳健的"，宝马是"极致驾驶的乐趣"，沃尔沃是"最安全的汽车"。菲利普·科特勒指出品牌定位（Brand positioning）是市场营销策略的核心问题，它是指设计公司的产品、服务以及形象，从而在目标顾客心智中占据一个独特的位置。品牌定位的结果是成功地创造以顾客为中心的价值主张，这是目标消费者为什么会购买该品牌产品的颇具说服力的理由。

通过定位来创造差异和独特性，追求与众不同，以使消费者易于将其与其他品牌区分开来，并进而在心目中形成某个概念，占有一定的位置。这样的定位一旦建立，无论何时何地，只要消费者产生了相关的需求，就会自动地、首先想到这个品牌、这间公司或产品，达到"先入为主"的效果。比如饮料产品，不同品牌有不同的定位，有解渴的、醒酒的、降火的、开胃的、补充营养的、美容养颜的，等等；而香烟产品，对于消费者来讲，很难在功能上对该品类的不同产品进行区分，于是便有了不同香烟品牌在形象上的差异，比如有的塑造牛仔形象，有的突出绅士形象，还有一些是高科技形象、情侣形象、森林形象，等等。最经典的案例还有宝洁公司对其洗发水子品牌的不同定位，从不同细分市场的功能需求出发，宝洁将海飞丝品牌定位在去屑，将潘婷定位为修护受损发质，将飘柔定位为柔顺秀发，沙宣定位为时尚造型，而伊卡璐定位为草本芳香，不同的子品牌各自提供差异化的价值主张，并在消费者心中占据了独特的位置。

二、定位的步骤

品牌定位的第一步是选定目标市场。企业资源的有限性和消费形态的多元性决定了企业无法与所有可能的消费群体进行交易，而且不同的消费者拥有不同的品牌知识结构，会形成不同的品牌感知和品牌偏好，因此，必须首先将市场按照消费者的相似性划分为不同的购买群体，使得每一群体中的消费者具有相似的需求和消费行为，即细分市场，然后在细分市场中选择最有可能对该企业的产品或服务产生积极的反应，并可以提供最高利润水平的那一部分消费群体，这就是目标市场。细分市场的方法有如下一些：

（1）按照地理区域来划分：以国家或地区来划分。食品或者饮料类产品地理区域的差异性比较明显，这两个品类里面有些品牌会采用地理区域作为细分市场的标准。

（2）按照人口统计因素来划分：以年龄、性别、职业、收入、民族、宗教、受教育程度等作为划分标准。

（3）按照心理因素来划分：以生活方式、性格或者个性特征等作为划分标准。

（4）按照购买行为来划分：以功能利益，消费时机，购买习惯，对价格、广告的敏感程度等作为划分标准。

细分市场有时仅选择上述某一个划分标准，比如以人口统计中的年龄为准，将消费者分为婴幼儿、儿童、青少年、中年、老年等不同细分市场，再选择其中某一个年龄段人群作为自己的目标消费群体；或者以性别为准，分为男性市场和女性市场，以其中某一个性别市场作为自己的目标消费群体；或者以心理因素中的生活方式和价值观作为划分标准，选择某一类具有相同生活方式和价值观的人群作为自己的目标市场，等等。有时候细分市场会结合两个甚至多个划分标准来进行，如统一"鲜橙多"以追求健康、美丽、个性的年轻时尚女性作为目标市场，在其市场细分中就结合了性别、心理这两个划分标准。

品牌定位的第二步是提供关键利益，创造一种产品差别或者独特性，这种独特性必须是产品优势与目标市场消费需求相结合的产物，因此必须满足以下几点要求：

（1）称消费者之意。曾有某冰箱品牌提出"音乐冰箱"的定位，该定位虽然独特，但对于消费者来讲，对冰箱功能及利益的期待没有获得满足。也有酒店曾声称自己是"世界上最高的酒店",这种定位虽然也具有极强的辨识度,但是对消费者来讲,其作为酒店产品的核心利益追求也没有被满足。

(2)公司可交付。这里说的是该关键利益必须是产品可以支持的,是真实的利益,而不是虚假的。如果产品声称的某一个差异性最后被证明只是吸引消费者注意的噱头,那很快就会被消费者识穿并失去对该产品的信任。

(3)与竞争者相区别。最后一点也是最关键的点,即该关键利益必须与竞争对手相区别。这里有一个基本前提,即竞争对手或者该行业领域内产品基本的共有价值和利益,本品牌的产品也应该具备,在此基础上实现"人无我有",在消费者心中创建差异化的品牌联想。

定位的结果是成功创建了以消费者为对象的价值主张(表1-1)。

表1-1 品牌定位描述

公司及产品	目标市场	关键利益	价值主张
裴顿世家(鸡肉)	注重鸡肉质量的顾客	鲜嫩	更鲜嫩、更平价的金牌鸡肉
沃尔沃	注重安全的上层家庭	安全和耐用	适合家庭驾驶的最安全和耐用的车
达美乐(比萨)	注重便利性的比萨爱好者	送达速度及好品质	好的热比萨,快速送到家,价格适中

品牌定位的最后一步是通过企业市场营销与传播活动来明示定位。品牌定位要获得成功,必须使定位的设计最终获得消费者的认可,因此企业的市场营销活动要与定位相配合,同时通过广告和促销等传播方式积极地向消费者进行传播。

案例:洗发水市场的"去屑"定位之战

如今的洗发水市场,有哪些洗发水可以去屑呢?许多消费者对第一品牌的联想可能是海飞丝,这就是海飞丝定位抢先进入的成功之处,因为除海飞丝之外,其实还有很多的品牌都曾声称自己有去屑功能,比如,百年润发、好迪、蒂花之秀、康王、舒蕾、欧莱雅等洗发水品牌,但消费者在心目中已经将去屑与海飞丝牢牢地联系在一起。在这种情况下,新上市的采乐洗发水该如何重建消费者对于洗发水去屑的概念认知，建立起自己与其他品牌之间的区隔呢？

首先，采乐对竞争对手和自身产品的优势进行了分析，发现海飞丝去屑的有效成分是ZPT，海飞丝含有1%的ZPT；采乐去屑的有效成分是酮康唑，采乐含有2%的酮康唑。从效果来看，酮康唑的去屑效果比ZPT好，酮康唑不仅具有去屑止痒的效果，而且具有较好的治疗效果，而ZPT只是具有单纯的去屑作用，治疗作用并不明显。同时，市场资料表明海飞丝对重度的头屑患者效果不是很明显，海飞丝并不能有效解决这个群体的烦恼。在当前的中国市场，价格并不是竞争利器，消费者更看重产品质量和功能。

在此基础上，采乐将主要目标消费群锁定在重度的头屑患者，只有他们才会真正需要采乐的彻底去屑，次要目标消费群是中轻度头屑患者，市场策略是以重度带动中轻度。将品牌以"去屑特效药"与普通去屑洗发水相区隔，因为在药品行业里，从来没有一个厂家生产过去屑方面的特效药，而在洗发水行业里，也从来没有一种洗发水可以达到医药效果，采乐就是药物去屑的首选品牌。

其次，通过营销与传播对消费者进行定位的明示。在价格方面，为了加强采乐的专业性和效果，采乐的价格是昂贵的：31元/50ml，比一般洗发水的30元/200ml贵4倍；在销售渠道上，为了体现专业和权威，采乐将销售渠道放在了药店和医院，主要依靠专业人士（医生）的推介和营业员的推荐；在广告传播上，采乐的广告是理性的，重点突出采乐针对头屑真菌的杀灭和治疗作用以及治疗过程，用画面表现"专业去屑，针对根本"的概念。推广的后期则起用天王巨星黎明作为形象代言人，重在吸引普通消费者使用采乐。经过这样一系列的品牌定位行动，采乐建立了有价值的差异化，从而在去屑洗发水这个竞争激烈的市场中获得一席之地。

思考：结合案例思考采乐的品牌定位是如何建立起来的？后来联合利华公司旗下的洗发水品牌清扬，依然是从去屑的角度成功地进行了品牌定位，通过查阅资料分析清扬的差异化与价值主张又是如何建立起来的？

三、品牌核心价值

品牌定位是一个品牌如何在特定市场与竞争对手进行有效区隔。然而单个品牌可以通过品牌延伸扩展至多个产品领域，并具有不同的定位，此时必须为品牌赋予某个特定的"核心与灵魂",这能确保企业自身以及消费者清楚地认识到品牌是什么,能做什么,不能做什么,这是关于品牌核心价值的问题。

品牌核心价值也叫品牌精髓或者品牌DNA,它是品牌含义中最重要的部分,它让消费者明确、清晰地识别并记住品牌的利益点与个性,是驱动消费者认同、喜欢乃至爱上一个品牌的主要力量。对于企业内部员工或外部市场营销合作者来说,通过品牌核心价值能清楚理解品牌代表了什么,对于顾客的基本含义,该如何保持品牌形象的一致性等内容,从而约束或者调整他们自身的行为,从这个角度来讲,核心价值是一个品牌营销传播活动的原点。

品牌核心价值的宣言通常以3~5个简短的词语来表达,具有易传播性、简洁性和启发性,包含了对品牌功能的介绍,即描述产品或服务的性质,或者是品牌提供的体验和价值的形式;描述性修饰语,进一步阐明品牌的性质;以及情感性修饰语,品牌如何准确地向顾客提供利益。

表1-2是四个知名品牌的核心价值描述:

表1-2 品牌核心价值描述

品牌	情感性修饰语	描述性修饰语	品牌功能
NIKE	真正的	运动	表现
Disney 迪士尼	有趣的	家庭	娱乐
McDonald's	最喜欢的	享受食物的	地方和方式
STARBUCKS COFFEE	每天的	奖励自己的	时光

迪士尼的核心价值宣言告诉我们迪士尼做什么,不做什么,迪士尼提供给大家的服务是有趣的,是关于家庭和娱乐的,它的作品是可以全家老人与小孩一起看的。麦当劳的宣言里并没有提到汉堡包,对该品牌来讲汉堡包不是最重要的,重要的是提供一个场所和方式让大家去享受吃及其带

来的乐趣。同样，星巴克不认为自己只是一个咖啡的提供者，它们做的是有关人的行业，而不单纯是咖啡，它们是用咖啡向人提供服务与体验，让消费者来星巴克享受美好时光，因此它们将品牌标志里面的"coffee"字样拿掉，它们甚至可以卖茶和粽子，号召人们来星巴克举行婚礼，等等，这些行为不但没有损伤反而加深了人们对其品牌核心价值和形象的认知。而耐克的核心价值宣言是"真正的运动表现"，但耐克的顾客其实占绝大部分的都不是真正的运动员，这是一个品牌的承诺，耐克承诺所有的产品都是运动员级别的，同时它也表明了耐克的一切营销及传播活动都与运动相关，这是对其事业领域的一种清晰界定。

第二章 品牌传播定义及相关理论

成功的品牌传播是具有生命力的,以下一些经典的营销传播口号,在过往的岁月中曾帮助品牌在消费者心中构建积极的、独特的品牌形象,并成功地促进了产品的销售:

- 钻石恒久远,一颗永流传(戴比尔斯钻石)
- 雷达杀死害虫(雷达)
- 想做就做(耐克)
- 滴滴香浓,意犹未尽(麦斯威尔咖啡)
- 味道好极了(雀巢咖啡)
- 终极驾驶机器(宝马)
- 一切皆有可能(李宁)

在上一章里,我们讲到了品牌构建的三个组成部分,其中品牌传播是关于品牌"怎么说"的问题,即品牌与消费者之间的沟通和交流。品牌传播是品牌构筑的重要组成部分,也是品牌与消费者之间进行沟通、建立关系的有力手段,强势品牌的发展历史也是一部部精彩纷呈的品牌传播史。

第一节 品牌传播的定义

品牌传播是指公司就自己出售的品牌,直接或是间接告知、说服并提醒目标受众的手段。所有品牌传播活动都有一个重要目的,那就是帮助积累品牌资产。在这个定义里,涉及几个关键的概念:品牌资产、品牌传播手段、品牌传播受众、品牌传播目标。

一、品牌资产

从长远的角度来讲,一切品牌传播都有一个共同的目标,那就是帮助积累和增加品牌资产。我们都知道,一个强大的品牌其产品能卖得更多,卖得更久,也能卖得更贵,同时,产品线更容易延伸,也更有可能获得别人的推荐,这就是品牌资产的力量,它体现为顾客所获知的品牌知识所导致的对营销活动的差异化反应。品牌资产来源于捕获顾客的心智,品牌资产的成果是品牌获得市场业绩并产生独特的市场影响力。品牌资产是20世纪80年代在营销研究和实践领域出现的一个重要概念。

这里我们介绍两个较为知名的品牌资产模型:一个是基于消费者的品牌资产金字塔模型CBBE(Customer-Based-Brand-Equity);另一个是品牌资产评价者BAV(Brand Asset Valuator)。

1. 品牌资产金字塔模型

品牌资产金字塔模型CBBE是由凯文·莱恩·凯勒等人提出的,该模型图示如图2-1。

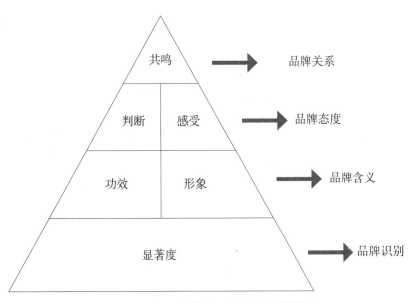

图2-1 基于消费者的品牌资产金字塔模型

该模型将品牌创建分为四个步骤，以金字塔的形式呈现，从底端到顶端分别是品牌识别、品牌含义、品牌响应、品牌关系。

1）品牌识别

品牌识别阶段需要建立较高的品牌显著度，让消费者产生品牌认知，这种认知包括认知深度和认知广度两种类型。认知深度是指品牌元素是否很容易被回忆和识别，一个很容易被回忆起来的品牌与一个只有在被提醒后才能识别出来的品牌相比，前者的品牌认知更深，比如只要出现金黄色的拱门形象，我们就很容易联想并回忆起麦当劳品牌；认知广度是指品牌购买和使用情景的范围，在饮料市场中软饮料具有最广的品牌认知，在任何时间、任何场合，消费者都可能会想到饮用可口可乐或百事可乐，而对诸如酒类、牛奶之类的饮料品牌，能想象到的消费情景则非常有限。

在品牌传播活动中，企业通常会注重增加品牌认知深度的工作，即希望本品牌能被消费者记住，但常常忽略了品牌认知广度。消费者往往能够很容易回想起某个品牌，但是对于该品牌消费场合和消费情景的联想却非常有限。因此，在有些情况下，品牌营销传播的诉求点应该放在拓宽品牌认知的广度上，增加消费者能想到的使用情景。

2）品牌含义

品牌含义包括品牌功效和品牌形象两个方面。品牌功效是指产品或服务满足消费者功能性需求的程度，品牌在何种程度上满足了消费者在实用、美学和经济方面的需求，以及品牌与同类产品或服务的差异性及优势。品牌功效主要包含以下五个方面：主要成分及特色、产品的可靠性与耐用性、服务的便利性、服务的效果与效率、产品的风格与设计。品牌形象是品牌的无形元素，与理性的品牌功效相比，更多是指品牌在消费者脑海中所代表的含义，主要包括以下四个方面：用户形象、购买及使用情景、个性与价值、历史传统及体验。品牌形象这几个方面的内容在上一章里我们做过详细的介绍，这里不再赘述。

创建品牌含义这一阶段的目标是为了明确品牌的差异性和共同点。差异性是品牌最基本的特性，消费者认同品牌的差异化属性和利益，并对其产生积极的、正面的评价，认为竞争品牌无法达到相同的特性，这是品牌获得竞争优势最主要的原因；共同点是指在某一特定产品类别中消费者认为一个合格的产品所必须具备的相关属性，这些属性同我们在产品层次中所提到的期望产品层相对应。共同点也是品牌竞争优势的一个保证，如果某一个品牌能具备竞争对手的优势，同时又在其他方面超越竞争对手，即人无我有、人有我优的状态，那该品牌将会拥有更稳固的市场地位。

3）品牌响应

金字塔第三步是品牌响应，包括品牌判断和品牌感受两种类型。品牌判断是指消费者对品牌的看法和评估，通常涉及品牌质量、品牌信誉、品牌偏好、品牌优势四个方面；品牌感受是指消费者在情感上对品牌的反应，是由品牌激发出来的各种情感。最常见的品牌感受有如下六种类型：温暖感、乐趣感、兴奋感、安全感、社会认同感、自尊感。无论品牌判断还是品牌感受，当消费者想到该品牌时，其反应都必须是即刻产生并且是积极的。

4）品牌关系

金字塔第四步是建立品牌关系，最佳状态是实现品牌与消费者的共鸣，从而获得稳固的品牌忠诚度。共鸣实际上是消费者与品牌之间一种紧密的心理联系，是对品牌的高度认可，是消费者感受到自己与品牌同步的程度。品牌共鸣体现为四个方面：第一，行为忠诚度，以消费者重复购买同一品牌的数量和频率来衡量；第二，个人依附，是指消费者对品牌所产生的特殊情感，比如消费者明确自己对某品牌的喜爱之情，如果没有该品牌则会觉得不舒服或者产生失落感，等等；第三，消费者对品牌社区的认同，品牌社区是使用某一品牌的消费者间的一种非地理意义上的社区，在这里可实现品牌消费者之间、消费者与公司员工之间的兴趣交流，商品交易以及关系的建立和维护；第四，消费者的主动介入，即消费者愿意自发地投入时间、精力和金钱来参与和品牌相关的一些事件及活动，比如通过各种途径搜集品牌信息、参与品牌社区活动、与他人主动交流、向别人推介产品等。

凯勒认为只有当品牌处于金字塔塔尖时，才能产生具有深远价值的品牌资产。金字塔左侧倾向于建立品牌的"理性路径"，右侧倾向于建立品牌的"感性路径"，而绝大多数强势品牌的创建是通过这两条路径"双管齐下"来达成的。

品牌传播的一切工作都应该围绕建立和增加品牌资产来进行。在品牌金字塔的不同阶段要达成的目标和工作重心都不同，品牌传播要致力于增加消费者的品牌知识，构建品牌与消费者之间良好而稳定的关系，创建消费者心目中的强势品牌。

2. 品牌资产评价者模型

品牌资产评价者模型BAV是由扬·罗必凯（Young & Rubicam）广告公司提出的，该模型内容如下：

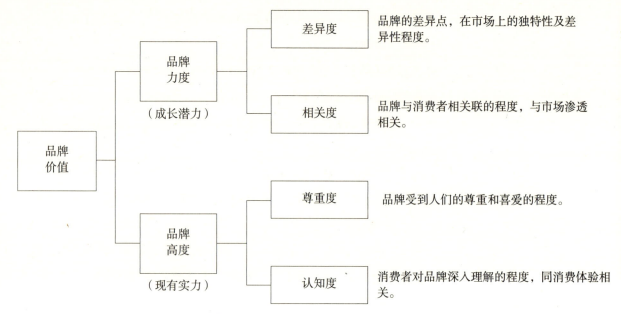

图2-2 品牌资产评价者BAV模型

BAV从品牌差异性、相关性、尊重和认知四个维度衡量品牌。

（1）差异度（Differentiation）。差异最重要，所有品牌开始于差异。差异定义品牌，并且使该品牌区别于其他品牌。差异是品牌之所以产生和存在的原因。

（2）相关度（Relevance）。相关度测量一个品牌对于消费者的个人适应性。单独而言，相关性对于品牌成功并不重要。但是，相关性和差异性结合形成的品牌强度，是品牌未来性能和潜能的一个重要指标。

（3）尊重度（Esteem）。尊重体现了消费者对品牌的喜欢并把其放在重要的位置。BAV追踪品牌获得尊重的方式，BAV也能够帮助鉴别影响品牌尊重的机会。

（4）认知度（Knowledge）。认知度是消费者对品牌的理解程度和知识广度。对品牌的认知度高，显示出消费者和品牌的亲密关系。

差异度和相关度反映了品牌的成长潜力（Brand Vitality），尊重度和认知度则反映了品牌高度（Brand Stature）。对于消费者来说很多品牌可能只在其中某个维度上表现较突出，比如家乐福和沃尔玛这类平价超市，相关度很高，但差异性不大；有些品牌拥有较高的品牌资产，在这四个维度上都获得很高的评价，比如，像奔驰和可口可乐这一类强势品牌，除了差异性和相关度之外，尊重度和认知度也很高。

扬·罗必凯广告公司的品牌资产评估模型有利于品牌资产的诊断和品

牌战略管理。它的优点是比较简单，可以覆盖的产品种类范围很广。该模型的局限在于，首先，必须以数据库作为基础；其次，这一模型不能解释品牌选择及品牌忠诚的机制。

二、品牌传播手段

现代品牌传播涉及多个领域，包含与消费者展开品牌信息沟通的诸多环节，主要体现为广告、公共关系和销售服务三大传播领域，这三大领域又包括十几种有效的品牌传播方式和手段：广告领域的广告传播；公共关系领域有公关传播、口碑传播和赞助传播；消费服务领域包括终端传播、促销传播和直效营销传播。在这些手段中，有些是直接的品牌传播，如广告，还有一些是间接的品牌传播，如公共关系。

相比传统的传播环境，如今的品牌传播环境变得越来越复杂，传播手段也越来越多样化。驱动变化的原因在以下几个方面：顾客意识的变化、媒体形态的变化、竞争的加剧。

1. 顾客意识的变化

消费者对品牌的要求越来越高，与此同时他们对企业品牌营销运作手段也越来越熟悉，品牌的现实表现与消费者心中对品牌的期望相去甚远。传统的单向传播环境中，消费者作为受众对于信息是一种被动接受的状态，缺乏相应的信息反馈渠道和环节，他们非常信任来自电视、报纸等主流媒体的信息，品牌传播的效果非常明显。时至今日，依然有许多营销人员怀念20世纪五六十年代那个广告传播的黄金时代，那时候诞生的"万宝路男人""甲壳虫想想还是小的好"等广告一直到现在仍然在全球发挥着作用，而现在想要通过广告或者传播获得如此强大的市场认可和消费感召力，已经基本不可能了。

如今，消费者信息接触和分享的途径增多，他们通过专业网站、论坛，以及微博、微信等社会化媒体渠道来获取信息。社会化及交互媒体的使用使得消费者由以前单个的、无助的受众个体变成了能影响舆论的受众群体，在与企业的关系中，拥有了更多的话语权。消费者甚至不再相信由传统主流媒体所提供的信息内容，对于广告也见怪不怪，单一直白的广告方式容易引起他们的反感，手握遥控器和鼠标的他们甚至直接就过滤或者规避了广告信息。

同时，消费者更加注重消费过程中的情感化体验，这种情感化需求贯穿了从产品设计到营销以及售后服务的整个消费价值实现过程,也对品牌传播产生了极大影响。以前品牌传播的诉求重点主要体现在产品功能层面,现在消费者更加注重该品牌在自己的生活中能产生什么价值,即该品牌对自己意味着什么,该品牌是否是我所喜欢的,该品牌与我之间的契合程度如何。基于此,如今的品牌传播更多是追求在合适的接触点上,以更加融入消费者生活的方式,建立起消费者与品牌之间强烈的情感联系。

2. 媒体形态的变化

加速发展的技术创新及其商业化运用使得媒介形态发生了巨大变革,媒介技术的发展日新月异,在传统的媒介形式上,品牌传播有了更多的选择,而消费者的注意力却是有限而稀缺的资源,这势必会造成传播内容的混乱和媒介运用的碎片化状态,品牌传播策略的制定也越来越困难。

3. 市场竞争的加剧

最后,市场竞争的加剧也会对品牌传播环境和传播手段的运用产生影响。许多产品和服务已经进入成熟期和衰退期,产品复制越来越容易,而创新却十分困难,某一行业领域内不断有竞争者涌入。竞争加剧在传播层面的体现就是,在特定的媒介时间或空间里,有过多的品牌信息相互挤兑,比如各电视台在黄金时间播出的电视剧中间曾大量插播广告,从而引发了消费者的强烈不满,广电总局不得不下发《〈广播电视广告播出管理办法〉的补充规定》,规定自2012年1月1日起,全国各电视台播出电视剧时,每集电视剧中间不得再以任何形式插播广告。在这种情况下,企业也会努力寻求广告之外的其他营销传播手段和传播渠道。

三、品牌传播受众

品牌传播的受众是指品牌传播信息的接收者。在具体的传播活动中,目标受众的确定通常需要考虑以下一些因素:

1. 目标消费者

所有的策略都始于消费者,为了达到理想的传播效果,通常必须根据目标消费者来确定传播活动的受众对象。品牌管理者通常会以销售额变化来衡量一切营销和传播活动的效果,毕竟对于企业来说,在市场竞争中保持盈利非常关键,因此,传播活动能否有效到达并驱动目标消费者实现购买,成为评判传播效果的重要依据。正因如此,绝大部分的品牌营销传播活动都以目标消费者作为受众对象。

消费者通常包含购买者和使用者，但有些产品的使用者与购买者并不是同一个人，这种情况通常会在儿童和老年人用品、药品、家用电器、礼品等产品的消费中出现，因为这些产品的购买者通常并不是使用者本人，因此，许多传播活动致力于影响购买者而不是使用者。比如大家都非常熟悉的娃哈哈果奶"妈妈我要喝"，这则广告其实是以打动妈妈作为核心策略；还有红遍大江南北的"今年过节不收礼，收礼只收脑白金""买来静心送给妈"等保健品虽然使用者是老年人，但其品牌传播均以子女作为传播对象；帝度冰箱其广告表现以丈夫在冰箱里放上满满的玫瑰花，来强调丈夫对妻子的爱。上面这些品牌都是采取"迫力营销"的策略，诉诸孝道、关爱、送礼等对中国人来说非常重要的一些情感或理念，以购买者为传播对象。

需要注意的是，虽然绝大多数品牌传播活动的目标受众主要是目标消费者，但从品牌传播的影响意图来看，品牌传播的"受众"应该是所有信息的接触者而不仅仅是"消费者"，将品牌传播的对象表述为"消费者"，强调的是对产品的消费，体现的是在营销上获利的功利观念；而将品牌传播的对象表述为"受众"，强调的是对品牌的认可与接受，体现的是传播上的信息分享与平等沟通观念。

此外，从品牌传播对象的定位来看，除目标消费者之外，品牌还希望通过传播来影响所有与自身发展有关系的人，因此应以"利益相关者"来锁定和划分具体受众。品牌传播对象具有显著的多元性，除目标消费者，还包括大量的利益相关者，这些利益相关者有品牌合作者、政府与官方组织、股东或投资者、内部员工及一般公众。针对各利益相关者的不同特征，要采取合适的手段来进行传播沟通。

2. 产品特性

某些品牌的产品创新性非常明显，其传播过程通常需要遵循创新扩散的规律。创新扩散理论是传播效果研究的经典理论之一，由美国学者埃弗雷特·罗杰斯（E.M.Rogers）于20世纪60年代提出，该理论认为人们在试用新产品的态度上有明显的差别，每一产品领域都有先驱和早期采用者，在他们之后，越来越多的消费者开始采用该创新产品，产品销售达到高峰。按照不同阶段创新产品的使用者可以分为五种类型，其名称及所占比例如下：创新者占2.5%；早期使用者占13.5%；早期大众占34%；晚期大众占34%；落伍者占16%（图2-3）。

对某些品牌来讲，创新者可能并不是最主要的目标消费群体，但是这

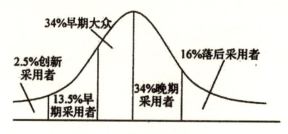

图2-3 罗杰斯创新扩散理论

一群人在产品早期市场推广中却充当着意见领袖的角色,他们要么是明星代言人,要么是小众达人、专家,或者品牌忠诚顾客,这些人的意见对其他人的态度和购买意向产生重要影响,因此会成为某些品牌在特定传播阶段的关键受众对象。

3. 传播活动的特定目标

后面我们会对传播目标进行详细的阐述,这里我们提到传播活动的目标,主要指目标的商业性与社会性取向问题。商业性与盈利相关,要求传播活动最终能促进产品消费、实现企业盈利增长。社会性是指企业作为社会的一员所需要表现出的有利于集体和社会发展的特性,一方面体现为企业社会责任感,在营销传播中被称为品牌的公益传播;另一方面体现为企业文化和企业形象的塑造与传播,被称为企业品牌形象传播。社会性传播活动的目标并不致力于短期销售额的增加,而是希望在消费者及社会公众心中建立负责任的、良好的品牌形象。

2014年,可口可乐在迪拜所做的"可乐瓶盖换电话费"活动成功地诠释了品牌社会性传播的意义。在迪拜有很多来自南亚的劳工,他们平均一天只有6美元的收入,以至于这些外来务工人员都不舍得打电话回家。迪拜可口可乐了解到这些之后,联合扬•罗必凯广告公司开发了一款可以用可乐瓶盖充当电话费的电话亭装置,把这些电话亭放到工人们生活的地区,每一个可口可乐瓶盖都可以免费使用三分钟的国际通话费。配合该活动,可口可乐制作了《Hello Happiness》的视频短片用以记录线下活动,该视频短片通过病毒式传播引发了全世界的广泛关注,宣扬了品牌理念,从情感上打动人心,提升了品牌好感度。

四、品牌传播目标

关于品牌传播的目标,要从两个方面来理解,一个是短期目标或者说特定传播活动要达到的目标；另一个是长期目标或者说是所有传播活动要达到的终极目标，那就是上面我们介绍过的帮助增加品牌资产。

结合传播学劝服及市场营销学产品生命周期的相关理论，可以将单个营销传播活动要达成的目标大致归为以下几类：告知、说服、强化、提醒。

品牌告知主要用于产品的开拓阶段，其目的在于促发初级需求，奠定品牌的初级市场平台。品牌告知目标具体体现如下：向市场告知有关新产品的情况，提出某项产品的若干新用途，告知市场有关价格的变化情况，说明新产品如何使用，描述所提供的各项服务，纠正错误的印象，减少消费者因信息缺乏而造成的恐惧，树立公司形象，等等。

品牌说服主要用于品牌成长阶段。这一阶段，企业的目的在于建立某一特定品牌的选择性需求，大多数广告都属于这一类型。这些广告主要借助定位及USP理论的应用，突出宣传产品对于目标消费群的利益及个性诉求。品牌说服目标具体体现如下：建立品牌偏好，鼓励消费者偏向你的品牌，改变消费者对产品属性的知觉，说服消费者马上购买，说服消费者接受一些调查或访问等。

品牌强化主要用于品牌成熟阶段，通过营销传播使消费者对品牌的认知及品牌形象得到强化。这一阶段的传播诉求可能沿袭品牌成长阶段，但强度、频度都要有所提升，达到品牌传播历程的黄金时期。品牌告知目标的具体体现如下：构建品牌领导地位，排挤竞争品牌，维持品牌策略的一致性，保护品牌的独特性和优势，扩大目标消费群，树立并提升品牌忠诚，等等。

品牌提醒在品牌的成熟期和衰退期非常重要，目的是保持顾客对该产品的记忆。例如，出现在城市各个角落的可口可乐，其展露的内容基本都是可口可乐的品牌名称或者是经典弧形瓶的造型，很少有其他的品牌信息，这种传播的目的既非告知，也非说服，而是为了提醒人们想起可口可乐。品牌提醒目标的具体体现如下：提醒消费者可能在最近的将来需要这个产品，提醒他们何处可以购买这个产品，促使消费者在淡季也能记住这些产品，保持最高的知名度。

第二节 品牌传播涉及的研究领域

一、传播学

传播是社会信息的传递或社会信息系统的运行。传播学是研究人类信息传播规律的一门学科,于20世纪四五十年代在美国伴随着报刊、广播、电视等媒介获得快速发展和运用的背景下产生,其诞生过程具有明显的跨学科特色,政治学家、心理学家、语言符号学家、新闻工作者等众多学科领域的专家加入进来,共同谱写了传播学研究的篇章。

品牌传播是传播学应用领域的一个分支,品牌传播是以品牌所有者为传播主体,以传播学相关理论和研究结果为依据,综合众多传播形态和传播手段的品牌核心战略。

传播学对品牌传播最重要的影响体现在其决定了品牌传播活动的基本要素。1948年,美国政治学家、传播学四大奠基人之一的哈罗德·拉斯韦尔(Harold Lasswell)发表了《社会传播的结构与功能》一文。在这篇文章中,拉斯韦尔明确提出了传播过程及其五个基本构成要素,即谁(Who)、说了什么(Says What)、通过什么渠道(In Which Channel)、对谁说(To Whom)、取得了什么效果(With What Effect),这就是著名的5W传播模式。后来有很多学者都对此进行过各种修订和补充,但在本质上并没有超越。这一模式还奠定了传播学研究的五大基本内容:控制分析、内容分析、媒介分析、受众分析以及效果分析。5W模式见图2-4:

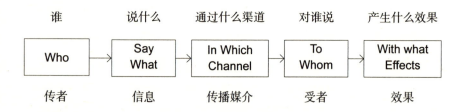

图2-4 传播学经典5W模型

当经典的5W模型最初运用到营销传播中的时候,考虑到作为消费者的受众会以购买消费或评价等行为对传播主体施加影响,因此,以受众反馈来体现效果,于是便出现了以下传播过程示意图(图2-5):

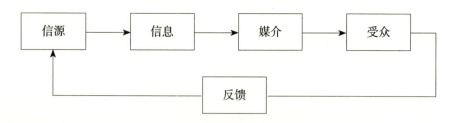

图2-5 信息传播过程中的受众反馈

在传播过程中，还有其他的一些因素会以"噪声"的形式来干扰信息传播。图2-6表明了噪声（SS）可能出现在传播过程中的任何一个环节。

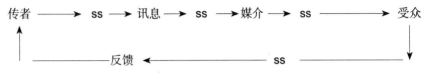

图2-6 噪声干扰信息传播的途径

参照上述多个传播模型，品牌传播活动的基本要素可归类如下：
- 信源（传者）
- 信息
- 传播渠道
- 受众
- 反馈
- 噪声

其中传者和受众是传播过程的参与者，信息是传播的内容，渠道是参与者借助的传播媒介，反馈是参与主体的活动，噪声是妨碍传播效果的各种因素。

信源又叫传播者、发送者或编码者，为了实施传播，信源必须将观念或思想变成信息，这个变换过程就叫编码，这时要进行符号创造，因此信源同时也包含着编码过程这一要素。从品牌传播来讲，信源通常包含三个类别，第一，是指企业或品牌所有者、传播活动的发起者等行为主体；第二，受品牌所有者委托进行编码活动的各类营销传播代理公司；第三，对消费者来讲，前两类是隐藏在幕后的主体，而只有传播活动中的品牌、产品或服务才是真正的信源。

传播的核心是信息，是信源通过各种策划、创意和制作等策略手段进行编码后的具体结果，它是最终呈现给消费者的各种作品。信息具有三种特性：信息诉求、信息结构和信息符号。信息诉求又叫作主题、独特的销售建议等。诉求又可分为理性诉求、感性诉求和幽默诉求。理性诉求针对受众的逻辑思维，重点在于表达产品的质量、操作、价值和价格等特点；感性诉求针对受众的感觉，重点在于引发消费者的情感共鸣，如担心、快乐、骄傲、虚荣和爱等；幽默诉求运用机智、风趣的语言进行信息传递，可增强传播的感染力和沟通力。信息结构也被称作信息的各种表现手法。信息符号指的是文字、声音、图像和音乐等符号。这些因素的组合方法就是创意，它决定了传播内容的最终效果。

媒介是将经过编码的信息传达给受众的渠道。媒介到达预定目标受众的能力是选择媒介的前提，同时还必须考虑费用与时间因素等。不同企业会根据各自特定的市场营销情况来选择适合自己的不同媒介组合。快速消费品类的品牌（如宝洁公司各子品牌）可能会选择以电视、报纸、广播等为主的大众传播媒介，因为这些媒介形式具有向大面积的、全国范围的受众传递信息的能力。某些行业内的特殊产品品牌（如中国平安保险公司）可能会选择直邮媒介，这是因为直邮具有针对潜在购买者的能力。而以人际传播方式为主的品牌（如星巴克）则会倾向于运用网络、社区、电子邮件等个性化的传播渠道。

只有当受众接触到信息并将信息译成对他们有意义的形式时，才能确定信息被接收，交流和互动才算开始。受众所处环境中的一切生活经验都会影响到他们的译码活动。在大数据时代，消费者每天会接触到众多的商品信息，而消费者的记忆能力和注意力都极为有限，如何让他们在众多的竞争信息中注意、理解并接受品牌信息，是摆在传播者面前的重要难题。因此，必须高度重视对受众行为的研究，受众的相关内容后面我们会做具体讲解。

反馈是指受众在接收到信息之后，以合理的方式回传给传播者的一些评价、建议等，反馈能直接或者间接反应受传者的所思所想，体现传播的效果。反馈至关重要，但却很难得到十分精确的结果，如果试图把传播效果与销售量提升等市场行为直接联系起来，这种反馈结果虽然容易获取但往往并不能反应真正的传播效果，因为信息展露之后，受众隐性的感知或态度变化更重要，但这些很难精确衡量。

噪声主要指干扰信源与受众之间信息编译码过程的因素。实际应用中，来自环境的、机械的、心理的各种传播障碍会同时存在，很难完全排除，不过我们可以预测并作出相应的计划，特别是针对心理噪声。在制订传播策略之前需要做缜密而深入的市场调查，以更好地洞察和理解消费者，同时进行精心策划尽量降低各种噪声的干扰，更好地实现传播目标。

二、市场营销

品牌传播通常也被称为营销传播，这是因为在传统营销理论中，传播是企业营销组合的重要组成部分，一切传播活动都应服务于企业整体营销策略，在国外的相关研究领域里也并没有将品牌传播独立出来，而是隶属于品牌营销（Brand Marketing）的范畴之内，由此可见，当我们理解品牌传播这一概念时，也必须对市场营销的相关理论进行分析。

目标市场、消费者需要、协调营销工具、营利性是市场营销的四个重要支柱。从选定的目标市场出发，以消费者的需求为中心，协调各种可能影响消费者的活动，通过满足消费者需求来获取利润，是现代市场营销的核心理念。

1985年，美国市场营销协会将市场营销定义为：通过计划和实施针对某种思想、产品或服务的设计构想、定价、促销和分销策略来实现交换的过程。依照这一定义，市场营销的可控因素有四个：产品（Product）、价格（Price）、渠道（Place）和销售促进（Promotion），这就是经典的市场营销4P理论，4P的具体构成如图2-7所示。

在该图中，销售促进也称为销售沟通，其构成包括人员推销、公关、促销、广告、直销等手段，这些就是营销传播最基本的手段和要素，由此可见传播是营销组合中一个非常重要的组成部分。

企业及其品牌的传播活动由市场营销策略所决定，要服从并服务于市场营销活动，营销现状和背景是传播活动开始的依据，营销目标决定了传播的目标，市场营销战略决定并指导传播战略。通过传播活动，可以沟通信息开拓市场，引导需求创造市场，传播有助于实现企业的营销目的，但传播只是营销组合的构成要素之一，整体营销策略中的产品定位、定价方式、分销策略都会对传播策略的制定产生影响，有效的传播必须与营销战略相配合。

营销观念的发展经历了五个主要阶段，这种发展变化对传播会产生怎样的影响呢？

第一，生产观念（19世纪80年代到20世纪20年代）。这一阶段的典型特征是以产定销，以量取胜，在供不应求的前提下，生产者大量生产、销售，此阶段不注重产品的质量问题。此阶段营销的代表性观点是"我们生产什么，就卖什么"。

第二，产品观念（20世纪20—30年代）。这一阶段的特征是以产定销，以质取胜，营销中开始注重产品的质量，但生产者站在自己的角度考虑问题，忽略消费者需求问题。本阶段营销的代表性观点是"酒香不怕巷子深""皇帝的女儿不愁嫁"。

第三，推销观念（20世纪30年代到"二战"结束）。这一阶段在提高

价格
- 价目表
- 心理定价
- 价格线
- 价值决定

销售促进（沟通）
- 人员推销
- 公关
- 促销
- 广告
- 直销

产品
- 设计和开发
- 品牌
- 包装
- 维修

渠道
- 分销渠道
- 市场覆盖
- 存储

图2-7 市场营销四工具

产品质量的同时，开始注重推销、促销等活动以刺激消费。出现推销观念的主要原因是市场供需情况发生变化，产品供大于求，生产者之间竞争激烈，必须想方设法把产品推销给消费者。这一阶段的代表性观点是"我们卖什么，人们就买什么"。

第四，市场营销观念（20世纪50—1960年代）。这一阶段企业开始以市场为中心，以顾客为导向，将满足消费者需求作为生产者必须优先考虑的事情。这一阶段的背景是竞争进一步激烈，消费者需求呈现出多样化和个性化。这种观念的转变是一次真正的革命，由原来的生产第一，转变为市场第一，开始站在需求的角度看营销。这一阶段出现了"顾客就是上帝""制造能够销售出去的东西，而不是销售制造出来的东西"等著名的观点。

第五，社会市场营销观念（20世纪70年代）。这一阶段营销在注重企业利润、满足消费者需要的同时，也把环境保护和社会可持续发展等纳入议程，重视社会利益，注重对地球生态环境的保护。

品牌传播活动与市场营销观念的变化息息相关。20世纪前30年，企业产品销售基本没有压力，但仍有一些企业开始重视商品广告和推销术，1904年约翰·肯尼迪提出了"广告是印在纸上的推销术"这一著名论断，使得广告这一核心的传播工具在诞生之初就与营销结下了不解之缘。

在推销观念时代，广告和推销术成为企业刺激销售的重要手段，在此期间诞生了许多经典的广告和推销理论，如"情感氛围派"或"软性销售派"的广告理论，以及"独特销售主张"等营销观念。

到市场营销观念时代，市场权利从生产商手中转向消费者，信息传播重心也从产品本身的功能优势转移到更加注重对消费者心理的关注，并开始思考产品和品牌个性问题，传播也侧重于通过塑造产品独特的个性，在消费者心目中建立一定的品牌形象。传播重心从关注消费者的实际利益转向消费者的心理感受，从关注产品功能到致力于品牌形象塑造和情趣的营造。

进入社会市场营销以后，企业开始注重承担社会责任，传播也逐渐超越营销组合要素的限定。企业不再仅仅将传播作为销售促进手段，用来实现单纯的销售目的，而是将传播战略纳入企业整体发展战略系统中，用来塑造形象，沟通和协调与所有利益相关人的关系，成为企业实现长期可持续发展的重要战略手段。

三、消费者行为学

对消费者行为的研究构成了营销（包括传播）决策的基础，它与企业的市场营销活动密不可分。消费者行为是可以被影响的，企业影响消费者行为是以其产品、服务能够满足消费者某种现实或者潜在的需要，并给消费者带来某种利益为前提的。消费者行为研究对于开展有效的营销传播非常重要。

综合国内外研究成果来看，消费者行为研究的主体内容包含以下三个部分：

第一，以消费者的感知、认知、注意、理解、需求、动机等要素为主的消费者个体与心理因素分析。

第二，包含问题认知、信息搜集、评价购买、使用与反馈等环节的消费者决策过程。

第三，以文化、亚文化、阶层、家庭与群体等为主的各层级环境因素对消费行为的影响。

上述消费者行为学所涉及的内容都会对品牌营销传播产生重要的影响，在这里我们主要介绍马斯洛需求层次论、消费者产品或品牌知识类别的构成这两部分的内容，后面的章节中我们会对作为传播受众的消费者行为做详细分析。

1. 需求层次论与消费者行为

美国人本主义心理学家马斯洛（Maslow）于1943年提出了著名的需求层次理论，马斯洛认为，人的需要可分为五个层次，即生理需要、安全需要、爱与归属需要、自尊需要、自我实现的需要。上述五种需要是按从低级到高级的层次组织起来的，只有当较低层次的需要得到满足，较高层次的需要才会出现并要求得到满足。一个人生理上的迫切需要得到满足后，才能去寻求保障其安全；也只有在基本的安全需要获得满足之后，爱与归属的需要才会出现，并要求得到满足，依此类推。

马斯洛并没有说较低层次需要完全满足之后，才会产生高一层次需要，而只是说，人的各种需要存在高低顺序，或者说各种同时出现的需要中存在优势需要。人作为有欲望的动物，其行为受需要所驱使，但需要什么取决于已经有了什么，只有未被满足的需要才影响人的行为。换句话说，已经满足的需要，不再是优势需要，亦不再是行为的决定性力量。

对于企业制定营销战略来说，该理论具有重要价值。首先，它提醒我们，消费者消费某种产品可能是出于多种需要，产品、服务与需要之间并不存在一一对应的关系。在现代社会，如果认为消费者购买面包仅仅是为了充饥，那将大错特错，所以面包新语（Bread Talk）通过美丽的品牌故事，真的可以与消费者"talk"（讲话）。其次，只有低级需要获得充分满足后，高级需要才会更好地得到满足。企业在进行产品的开发设计与推广时，应该重视产品为消费者提供的核心利益，用附加功能取代核心利益是注定要失败的。最后，越是涉及低级需要，人们对需要的满足方式与满足物就越明确，越是涉及高级需要，人们对满足这类需要越不确定。饿了要吃食物，渴了要喝水和饮料，对此，消费者十分明确和清楚。但对如何才能获得别人尊重，如何获得友谊，如何使生活更加美好等这一类高级需要的满足方式，消费者并不完全清楚。这实际上也意味着，越是满足高级需要的产品及品牌，企业在营销传播中就越有机会创造产品差异。

2. 产品知识与消费者行为

对于某个特定的产品或者品牌，消费者的知识类别构成如下：

（1）产品属性，也称为物质属性，包括产品或品牌的质地、构造、价格、质量等。如耐克鞋的鞋底设计很独特，是系鞋带的；佳洁士茶爽牙膏添加绿茶成分。

（2）利益结果，是指产品或者品牌的使用结果。如耐克的鞋很耐穿、运动起来跑得更快；佳洁士能令口气清新，使牙齿洁白，还可以保护牙齿。

（3）价值追求，也称为价值满足，是帮助消费者满足或达到个人目标的、实现个人价值的符号化产品知识。如穿耐克使人更健康，充满活力；使用佳洁士能令人心情愉快，更引人注目。产品属性和利益属性通常是可见的，价值追求通常不可见。

这里的价值追求又可以分为两种形式：行为模式的价值追求和生存状态的价值追求。

- 行为模式：能力（有抱负、独立、有想象力、才能）
  社会性（有礼貌的、诚实的、可信的）
- 生存状态：社会和谐（世界和平、平等、自由）
  个人满足（社会认可、舒适的生活、快乐、成就）
  自我实现（美丽、聪明、内在和谐、自尊、成就感）
  爱和情感（成熟的爱、真诚的友谊）

可以发现，这种产品属性——利益结果——价值追求的产品知识构成方式与上述马斯洛的需求层次论在本质上有相似之处。产品属性是产品作为具体的存在而具有的一些基本特质，是利益结果和价值追求的基础，产品属性和利益结果对应较低层面的需求，而价值追求对应较高层次的需求。

上述产品属性——利益结果——价值追求的消费者产品知识构成可简化为"方法—目的链"结构，该结构表明消费者多数是将产品属性看作一种达到某些目的的手段，这个目的可能是一个结果（一种利益或者风险），也可能是更抽象的价值满足，这种结构认知被普遍使用于品牌传播，作为信息策略极为常见的一种方式，也是塑造品牌形象的重要途径。

不是任何一个关于产品的"方法—目的链"最终都指向终极的价值满足，有些只需要表现其利益结果。当营销传播活动为消费者提供一种产品属性时，必须使消费者对该产品属性所能带来的结果有清楚的认识，比如海飞丝的主要成分中含有ZPT，是一种除真菌的化学成分，所以海飞丝能够起到防止头皮屑的作用。"方法—目的链"能增进对消费者购买动机的了解，消费者是将产品属性同自身的一些价值观等自我概念相联系的，这对于营销传播战略具有很重要的指导意义，许多品牌通过传播进行品牌升华，品牌价值经历了从功能到利益再到抽象的形象价值这一过程。

第三节 品牌传播的经典理论

自20世纪五六十年代西方市场营销观念开始流行至今，随着市场环境、消费需求和传播技术的变革，不断产生一些新的营销沟通观念，这使得品牌传播的理论体系逐渐丰富和完善。虽然新的理论不断产生，但许多经典理论并未失去其应用价值和市场影响力，反而不断沉淀，有许多至今仍然在营销实践中发挥着重要的指导作用。

一、达彼思的USP策略

USP即"独特的销售主张"（Unique Selling Proposition）表示独特的卖点。USP是罗塞·瑞夫斯（Rosser Reeves）在20世纪50年代首创，当时他是美国达彼思（Ted Bates）广告公司董事长。根据达彼思公司的广告实践，并对广告运作规律进行科学总结的基础上，罗塞·瑞夫斯在1961年出版的《广告的现实》（*Reality in Advertising*）一书中对该概念进行了系统的阐述。USP强调一个广告中必须向消费者提出一个独特的销售主张,也称为消费理由,这个主张要具备三个要点:一是每个广告在文字或图像之外,还要对消费者提出一个建议,即购买本产品将得到的明确利益;二是这一建议一定是该品牌独具的,是竞争品牌不能提出或不曾提出的;三是这一建议必须具有足够的吸引力,能感动消费者。

罗塞·瑞夫斯认为,单靠一般化、模式化的广告创意和表现已经不能引起大众的注意和兴趣,必须在产品中寻找并在广告中陈述其独特之处。只有当广告能指出产品的独特之处时才能行之有效。罗塞·瑞夫斯利用USP策略创造了许多优秀的成功广告,如帮宝适纸尿裤"给你的宝宝一个你孩提时代不曾拥有的东西,一个清爽的屁股",M&M巧克力"只溶在口,不溶在手"等(图2-8)。

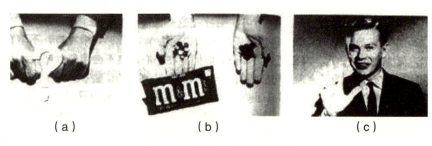

图2-8 M&M巧克力早期的广告
(a)~(c):M&M巧克力最早的电视广告。旁白说:"哪只手里有M&M巧克力呢?不是这只脏手,而是这只手。因为,M&M巧克力——只溶在口,不溶在手。"

USP法则一经问世便立即在广告界引起热烈响应,并得到普遍推广,也奠定了达彼思广告公司在业界的独特地位,直到今天,仍有许多品牌在USP法则的指导下,创造出成功的传播创意,如"农夫山泉有点甜""乐百氏27层净化"等。由于受当时社会历史条件的限制,USP不可避免地带有自身的缺陷,主要表现在注重产品本身,以产品为中心而很少考虑到传播对象,这与当时总体营销观念和传播观念的大背景有直接关联。

20世纪90年代以后逐渐进入品牌时代,达彼思重新审视USP,在继承和保留其思想精华的同时,围绕USP发展出了一套完整的操作模型,如今的USP策略理论变得更加严谨富有逻辑,更加系统富有生命力。达彼思将USP的策略重心从产品转移至品牌,认为USP的创造力在于揭示一个品牌的精髓,并有说服力地证实它的独特性,使之变得所向披靡、势不可当。达彼思对USP做了重新阐释,并把它作为自己全球集团的定位，我们来看一下达彼思对USP三个要点的重新解释：

第一，USP是一种独特性。它必须是其他品牌未能提供给消费者的最终利益。它必须能够建立一个品牌在消费者头脑中的位置，从而使消费者坚信该品牌所提供的最终利益是该品牌独有的、独特的和最佳的。

第二，USP必须有销售力。它必须是对消费者的需求有实际的和重要的意义。它必须能够与消费者的需求直接相连，它必须导致消费者做出行动。它必须有说服力和感染力，从而能为该品牌引入新的消费群或从竞争品牌中把消费者赢过来。

第三，USP必须对目标消费者提出一个主张——一个清楚的令人信服的品牌利益承诺，而且每个品牌承诺是独特的。可以看出，现在达彼思把USP当作是传播品牌独特承诺最有效的方法，USP意味着与品牌精髓相关的销售主张。USP不仅只限于传播产品信息，更重要的是建立品牌与消费者之间的独特关系，并激发消费者实际的购买行为。

二、奥格威品牌形象论

品牌形象（Brand Image）的概念由20世纪最伟大的广告人大卫·奥格威提出。在上述关于营销观念变革的阐述中，可以发现20世纪60年代是一个营销竞争加剧的年代，由于技术革新推动社会生产力发展，使得产品同质化和仿造的情况十分严重，这一阶段的消费心理也发生了变化，品牌开始获得广泛重视，商品采用品牌不是服务于生产，而是服务于最终消费者，同时消费者由于追求品牌而显得缺乏理性。

大卫·奥格威首先发现了这一系列重要的变化，并认识到人们有时不是因为产品本身的原因才去购买某种商品，而是因为他们把这一商品与某种特殊的形象联系起来，单纯的USP在某些情况下行不通，必须转而思考产品和品牌个性问题，要通过广告塑造产品独特的个性，关注产品的总体性格，注意到产品和品牌在消费者心目中的形象。奥格威对于品牌形象的解释是："要给每个广告一种与之相称的风格，创造出个性特色，这才是最伟大广告的成功奥秘所在。"

品牌形象论倡导广告应该通过塑造品牌形象，增加感性认识，吸引消费者购买。在该理论的影响下，出现了大量经典广告，最具有代表性的案例就是著名的万宝路"西部牛仔"形象广告。万宝路在李奥·贝纳的精心策划之下，进行了彻底的品牌变革，赋予品牌一种浑身散发粗犷、豪迈、英雄气概的美国西部牛仔形象，吸引所有喜爱、欣赏和追求这种气概的消费者，这样一个深具美国精神的形象立刻使万宝路风行全球。另外，奥格威本人创造的哈撒韦衬衫中的"戴眼罩的男士"形象，也是品牌形象论的经典代表之作（图2-9）。

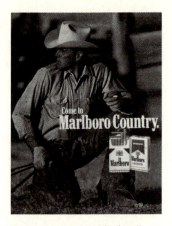

图2-9 万宝路"西部牛仔"形象广告

总结来看，品牌形象论的核心内容包括以下几点：

第一，塑造品牌形象是广告最主要的目标。广告要力图使品牌具有并且维持一个高知名度的品牌形象。

第二，任何一个广告都是对品牌的长期投资。从长远的观点来看，广告必须尽力去维护一个好的品牌形象，而不应将重点放在短期的产品销售。

第三，随着同类产品差异性的减少，品牌之间的同质性增大，消费者选择品牌时所运用的理性就越少，塑造品牌形象要比强调产品的具体功能更加重要。

第四，消费者购买产品时所追求的是"实质利益+心理利益"，对某些消费群来说，应该重视运用形象来满足其心理的需求。

大卫·奥格威认为，产品和企业的一切活动都是为了建立品牌，使自己的品牌在消费者的心目中形成一个不同于其他产品的形象。他曾在一次美国广告代理协会午餐会结束时讲道："让我们牢记，决定一个产品在市场上的最终地位的是其品牌的特性，而不是产品之间的细小差别。"这正是其观点最可贵之处，它第一次明确地告诉人们，广告不仅仅只是促销产品的工具，企业的一切宣传都应以品牌为中心。奥格威发现了USP没有注意到的品牌的另一种形态，即品牌的情感价值，消费者赋予品牌的联想，这些理念和观点一直到现在依然在营销和品牌管理领域具有深远影响。

三、企业识别

企业识别系统英文缩写为CIS（Corporate-Identify-System），是企业进行形象塑造的科学方法和系统化运作的有力手段。企业为塑造自身形象，以统一的视觉设计，运用整体传播系统，把经营理念、经营活动、管理特色等传达给社会公众，以凸显企业的特征与个性，使社会公众产生信赖和认同，达到塑造企业良好形象，提升企业市场竞争力的目的。CIS的目的是塑造和传播企业独特的形象，其推广运用对品牌传播的发展起到了非常重要的作用，它使得人们第一次以规范化和系统化的视角来看待品牌传播活动。

CIS由三大要素构成，包括理念识别MI（Mind-Identify）、行为识别BI（Behavior-Identify）、视觉识别VI（Visual-Identify），是三部分系统而有机的结合。

理念识别MI是指企业的经营理念，是CIS的核心内容，所以也被形象地称为识别系统中的"心"，包含对企业价值观、经营哲学、企业精神、行为准则、事业领域等方面的界定。

行为识别BI是理念识别在行为上的体现，也称为识别系统中的"手"，包括对内行为识别和对外行为识别，对内行为识别包括管理规范与制度、工作环境与流程、员工教育、福利制度等内容，对外行为识别包括公共关系、市场调查、产品销售与推广、社会公益活动等内容。

视觉识别VI是将企业经营理念等抽象内容，转换成具体化、视觉化的符号，以标准化、系统化和统一性的手法体现企业特征，塑造企业形象，也被形象地称为识别系统中的"脸"。视觉识别的构成要素包括品牌名称、标志、标准字体、标准色、象征图形、吉祥物、宣传标语与口号等基本识别。将基本要素运用于产品、包装、办公用品、销售场所、建筑物、设备、招牌、员工服饰、广告媒体、个人名片等，则构成应用识别。

对CIS的运用最早最成功的是美国国际商用计算机公司，1956年，该公司为突出表现其制造尖端科技产品的精神，将公司的全称"International Business Machines"设计为蓝色的富有品质感和时代感的造型"IBM"，成功塑造了高科技的"蓝色巨人"形象，也使公司成为"前卫、科技、智慧"的代名词。此后美国许多企业争相导入CIS系统，20世纪70年代诞生的代表作是以强烈震撼的红色、独特的瓶形、律动的条纹所构成的Coca-Cola标志。总体来看，美国的CIS战略更注重VI视觉部分，专注于品牌名称、标志和标准字等的相关设计。日本企业在70年代以后创造性地发展了自己的CIS理论，以企业文化建设著称的日本，其CIS战略则更注重对品牌个性、理念和企业价值观的深入设计，这就使得CIS的品牌传播体系更加深入和完善。中国企业在90年代后也开始引入CIS系统。1988年广东太阳神集团全面导入CIS，同时配合一系列企业形象广告和产品广告、公关和赞助活动，这使太阳神集团得到飞速发展，成为90年代初中国企业辉煌发展的代表，也使太阳神成为中国导入CIS最早且最成功的企业。

四、定位理论

定位（Positioning），也有人译为"占位"。定位理论是由美国著名营销专家艾·里斯（Al Ries）、杰·特劳特（Jack Trout）于20世纪70年代早期提出。70年代的社会营销环境与60年代大致相同，但此时产品竞争更加激烈，电视、广播等新媒介的发展使广告信息严重泛滥，艾·里斯曾说"这是一个创造力不再关键的年代"，"广告进入一个策略为王的时代，即定位时代"。

定位理论从诞生至今已有数十年的时间，在这一过程中艾·里斯和杰·特劳特两位大师对该理论不断进行完善。1972年，《广告时代》刊登了艾·里斯和杰克·特劳特的系列文章《定位时代的来临》，正是这个系列文章标志着营销史上著名的定位理论诞生；1981年《广告攻心战略——品牌定位》出版，定位理论开始成型；1986年和1989年《营销战争》和《自上而下搞营销》出版，该理论渐趋成熟；1996年，特劳特出版《新定位》总结了25年定位理论的发展。2001年，定位理论被美国营销协会评选为有史以来对美国营销影响最大的观念。1998年，定位理论由广州一家营销广告公司引入中国，创造了江中健胃消食片、王老吉等一系列营销奇迹。

定位理论的基本内容包括：定位要从一个产品开始，那产品可能是一种商品、一项服务、一个机构甚至是一个人，也许就是你自己。但是，定位不是你对产品要做的事，定位是你对预期客户要做的事，换句话说，定位就是要在预期客户的头脑里给产品确定一个位置，确保产品在客户头脑里占据一个真正有价值的地位。从品牌角度来讲，就是让品牌在消费者的心智中占据最有利的位置，使品牌成为某个类别或某种特性的代表品牌。这样当消费者产生相关需求时，便会将定位品牌作为首选，也就是说这个品牌占据了这个定位。比如，当我们想起"牛仔裤"一词时，就会联想到李维斯，"隔天到"的快递公司是联邦快运，"安全"的汽车是沃尔沃等。

定位的核心包括两点：找准位置和抢先进入。从战略层面上来讲，是要找准位置，即在激烈的竞争中进行有利而适当的差异化；从传播层面上来讲，是要抢先进入，即对消费者脑海中的某些概念认知进行重新界定，让品牌本身与某个第一发生关联。如在可乐占据饮料市场主导地位的情况下，七喜汽水所做的"非可乐"这一逆向定位法，使得七喜成为可乐之外的第一选择；在大型豪华汽车占据美国市场的情况下，大众甲壳虫提出

图2-10 甲壳虫品牌汽车广告

"想想还是小的好"这一概念，引导消费者不要只是考虑那些既大又长、油耗又高的大型车，转而认真思考小型车的诸多优点（图2-10），而沃尔沃则是凸显它内在的安全性（图2-11）。

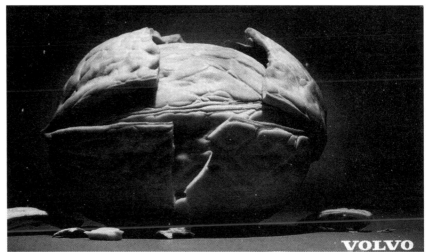

图2-11 Volvo品牌汽车广告

从营销传播理论的发展和延续来看，定位理论的诞生既有对传统理论的继承，也有对传统理论的发展和超越。首先，与USP和品牌形象论一样，定位理论的核心也是寻求与竞争对手之间的差异化。其次，USP的差异化是从产品本身功能层面或者物质层面出发，关注消费者能得到的实际利益；品牌形象论的差异化是从产品形象、个性塑造和情趣营造出发，关注消费者的心理感受；而定位理论是从消费者的心智出发，关注产品或品牌在消费者心目中所占据的与众不同的地位。

五、整合营销传播

整合营销传播（Integrated Marketing Communications，简称IMC）于1991年由美国西北大学的克拉克·凯伍德（Clarke Caywood）等人首先发起。1992年，全球第一部IMC专著《整合营销传播》出版，作者是美国西北大学教授唐·舒尔茨（Don E.Schultz）及其合作者斯坦利·田纳本（Stanley I.Tannenbaum）、罗伯特·劳特朋（Robert F.Lauterborn）。整合营销传播IMC的核心思想是将与企业进行市场营销有关的一切传播活动一元化，"用一个声音去说"。营销传播工具涉及许多方面的内容，包括广告、销售推广、直销、公共关系、包装和人员销售等，IMC理论认为每一条信息都应整体化和相互呼应，以统一的传播目标来运用和协调各种不同的传播手段，以支持其他关于品牌的信息或印象，如果这一过程成功，将通过向消费者传达同样的品牌信息而建立起品牌资产。

整合营销传播理论的提出基于以下社会背景：

第一，以消费者为中心的4C理论代替了以产品为中心的4P理论。进入20世纪90年代以后，电子传播系统逐渐代替了传统的媒介传播，消费者比以往能获取更多信息，并开始要求特别的产品、特别的配销系统和特别的沟通渠道。以同质性高、无显著差异的消费大众为基础的4P理论（产品、价格、渠道和促销）已逐渐过时，新的替代性营销理论——4C理论出现了。4C理论要求企业做到（图2-12）：

（1）要研究消费者的需要和需求，卖消费者确定想购买的产品，而不要卖自己所能制造的产品，由Product变为Consumer；

（2）了解消费者要满足其需要和需求所需付出的成本，而不要去做所谓的定价策略，由Price变为Cost；

（3）要考虑如何使消费者方便地购买到产品，而不是考虑所谓的渠道策略，由Place变为Convenience；

（4）重要的是沟通，而不是促销，由Promotion变为Communication。

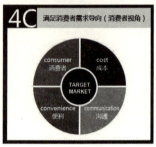

图2-12 营销理论从4P到4C的转变

4C理论把企业营销的重点放在消费者身上，即一切以消费者为中心，因此，凡是与消费者有关的一切活动都可以纳入营销传播的范围。应该发掘消费者对品牌信息关键的"接触点"，要了解整合传播的重要性，首先必须理解"接触"（Contacts）这个概念在整合营销传播中的意义。在这里，接触指凡是能够将品牌、产品和任何与市场相关的信息传递给消费者或潜在消费者的"过程与经验"。能够接触消费者的方式有许多种，比如口碑、产品包装、报纸报道、杂志与电视的信息、商店内的推销活动、待客之道与产品在货架上的位置等。在购买行为发生之后也可能发生接触，如售后服务、各种客户申述处理的方式、公司用以解决顾客问题的邮件等。凡此种种都是消费者与品牌的接触，它们经年累月不断地影响消费者与品牌的潜在关系。消费者可以通过各种接触方式获得信息，这些信息只有保持"一种声音"才能发挥最大的作用。因此，对各种传播媒介的整合运用便显得十分重要了。

第二，传播媒介的重大变化，媒介数量的增加，受众的细分化。20世纪90年代以后媒介数量空前增多，大众媒介一统天下的局面被打破，这使得消费者可以从各种各样的媒介中获取信息；同时技术的发展使得广播、电视、平面、网络等各类媒体开始细分市场并选择人数较少但更专注更精准到达的受众，虽然单个媒体的受众越来越少，但每个消费者能接触的媒介却越来越多。消费者倾向于把所有的说服性讯息都称为"广告"。消费者并不会去区分电视、杂志或户外媒体的营销讯息，广告、促销、直接信函甚至公共关系或社论性广告，对消费者来说都没有什么差别。所以不管信息来自什么媒体，它们都是媒体信息，不论信息的内容是什么，它们都代表某个产品或企业品牌。

正是在这种种因素的作用下，整合营销传播理论诞生了，它避免了传统营销方法由于忽视这些变化而造成的传播无效和浪费。整合营销传播强调将与企业进行市场营销有关的一切传播活动一元化，通过企业各职能部门的资源整合、品牌形象的整合、传播手段和方式的整合创造一个统一的组织形象，将"一种形象和一个声音"传播给消费者，这一理念显示出其强大的适应性和市场效用，是当今指导企业营销传播战略最强有力的工具。

第三章 品牌传播策略

第一节 品牌传播策略的概念

一、策略概念产生的背景及含义

策略的基本释义是指计策、谋略，包含三个方面：可以实现目标的方案集合；根据形势发展而制定的行动方针；有斗争艺术，能注意方式方法。策略一词原本为军事用语，随着社会的发展，被广泛运用于军事之外的领域，其基本含义也发生了变化。如今提到策略通常是指为了实现某一个目标，预先根据可能出现的问题制定若干对应的方案，并在实现目标的过程中，根据形势的发展和变化来制定新的方案，最终实现目标。将策略的思想和原则运用于品牌传播活动，使品牌传播活动能合理有序地进行，有效地达成传播目标。

1. 品牌传播策略产生的背景

自第二次世界大战结束至今，经过几十年的发展，品牌营销传播的环境已经发生了巨大变化。首先，从经济和技术方面来看，技术革命在战后被广泛运用于社会生产，从而带来社会生产能力的快速提升，使得社会商品极大丰富，产品生命周期缩短，新产品层出不穷，同时也导致产品同质化与仿制变得越来越普遍，几乎无法从产品本身的功能层面去寻找差异性。差异性的缩小和消失使得产品的市场营销和推广变得越来越困难。

其次，社会消费也发生着转型，消费者本身发生了很大变化，消费需求呈现出多样化和变化频率加快的趋势。社会商品生产的无限丰富，使得人们的消费需求和消费欲望被释放出来，并迅速膨胀变得一发不可收拾，全世界由此慢慢进入消费社会。如今，数字化的无线时代，消费者拥有更强的信息获取能力和更广泛的信息获取渠道，他们能利用互联网和其他技术自主地搜索信息，而不必再依赖企业和商家提供的信息。消费者甚至可以轻松地与其他消费者交换关于品牌的信息，并创造和传播自己的消费体验和营销信息。

最后，通信技术的发展极大地改变了企业和顾客之间的沟通方式，人们对传统大众媒介的信任度逐渐降低，对媒介及其传播的信息认知更加理性。当下的数字时代，新型媒体大量涌现，从智能手机到iPad、数字电视、卫星系统等，以及互联网的各种内容形式（电子邮件、即时通信工具、社交网络、品牌网站等），新的沟通方式和工具迅猛增长，对品牌的营销传播产生巨大影响，催生出许多新的营销传播模式。

经过数十年的发展，传统的大众营销传播形成了非常固定的模式，即制作完整的商业信息内容，并花费巨资通过电视、杂志或其他大众媒介传递这些信息，有时候用单一的广告就可以影响成千上万的顾客。现在受种种因素变化的影响，品牌的营销传播面临着许多巨大而深刻的变化，新媒体的不断涌现，大众媒体成本越来越高，受众越来越少，受众对信息展露的控制权日益提高，旧的大众媒体传播模式将逐渐被摧毁，以广告制作—发布为核心的单一沟通方式越来越难以适应变化的市场环境，如何在品牌整体发展战略布局中合理定位阶段性的传播目标，如何精准定位传播受众，如何利用各种可控和不可控的媒介渠道，与顾客一起创造和分享品牌信息，这些使得传播活动过程变得越来越复杂，在品牌传播中引入"策略"的概念变得必要而迫切。

2. 品牌传播策略的含义

从策略的定义和产生背景可以看出，品牌传播策略是指对品牌传播活动从整体战略到具体实施方案的预先谋划，它涉及确定传播目标和目标受众，制定精心策划的广告和促销方案，配合其他传播工具的运用，以获得理想的受众反应。今天越来越多的营销人员和品牌管理者将传播的策略目标视为建立和维护公司品牌与消费者之间的长期关系。在对品牌传播策略的理解中，需要注意以下三个方面的问题。

第一，品牌传播策略是针对传播方式而言的，虽然"营销"与"传播"越来越相互交织、难以区分，实践过程中两者呈现整合趋势，传播策略被纳入整体营销策略中，但营销与传播依然存在本质的区别，从内容和工具上来看，品牌营销以4P为基本出发点，而品牌传播以信息的传受为出发点。因此，可以说品牌传播策略要基于整体营销策略，并为营销服务，但其最核心的内容依然是信息的沟通，以及通过信息沟通构建和维系品牌与消费者的关系。

传播策略的制定要基于品牌发展整体策略，但又不能和品牌策略的其他方面混为一谈，品牌建设和品牌管理工作中会面临许多方面的问题，如新产品导入和品牌延伸，品牌强化与激活等，这些要素和活动与品牌传播策略的制定息息相关，但同时又彼此独立，在品牌发展中完成各自的使命和任务。

第二，品牌传播策略是一个指导性的程序，需要执行人员进行具体的实施。策略在本质上是一种运用脑力的理性行为，基本上所有的策略都是指向未来的事物，也就是说，策略是针对未来要发生的事情做当前的决策，是对所有传播活动步骤和思想的一个总体规划，是一份具有可操作性和艺术性的指南。同时这种指导性应该综合考虑包括广告、促销、公共关系、事件等所有的传播方式和传播工具，所有传播活动应该基于统一的策略，相互配合共同发生作用。

第三，品牌传播策略不是单向度的，要注意与消费者之间的互动。消费者之间具有差异性，公司需要为特定的细分市场甚至个人制定相应的沟通计划。在互动性新型沟通技术的影响下，公司不仅需要回答"我们怎样才能到达消费者"，而且要回答"如何让消费者到达我们"。于是，传播过程首先应该从审视目标消费者与品牌所有可能的接触点开始，例如，打算购买新手机的消费者可能与其他人交谈，看电视或者杂志广告，访问各种网站搜寻价格或使用者评价，并且到国美、苏宁、移动或联通的门店去考察产品等，品牌营销管理者需要评价在购买过程的不同阶段，影响每一种沟通体验的重要因素，这样做有助于更有效地配置传播预算。

除了目标消费者与品牌之间的互动外，还有目标消费者之间的互动，后者是互联网时代品牌传播不可忽略的重要力量，成功的品牌常常能够通过营销传播建立起足够的忠实粉丝群体，这些粉丝群体拥有口碑传播效应，他们会无私地帮助品牌实现粉丝自媒体传播，使营销传播策略发生几何级数的效应。

二、制定品牌传播策略的原则

品牌传播是一项大规模的系统性工程，同时要体现创造性和创意性，从上面的分析也可以看出，传播活动不仅需要付出高昂的人力和财力成本，其成功与否将直接影响到品牌建设的进程，尤其是网络传播时代，受众的作用越来越重要，传播活动如果没有科学合理的策略作为指导，有时候不但不能有效地达成传播目标，反倒会产生严重的负面影响。在制定品牌传播策略时，必须遵循一定的原则和规范。

第一，目标性原则。目标通常能为传播活动提供方向和力量，西方有句谚语："如果你不知道你要到哪儿去，通常你哪儿也去不了。"这充分说明了目标的重要性。

传播策略最核心的部分是制定阶段性的品牌传播目标。常见的目标包括促进短期销量，建立品牌知名度，塑造企业形象，解决某些营销问题，增加消费者的忠诚度等。无论何种目标，都必须明确、可分解、可量化、可操作。明确了公司及其品牌的现状问题和传播目标，接下来传播方式和传播路径的选择才会更有针对性、解决方案才能更多元化，也更有价值。任何传播策略都是基于一定的目标，漫无目的的传播必将成为无本之木，其结果不会产生任何实际的效用。

第二，系统性原则。这里的系统性包含多个层面，首先，传播策略是企业整体营销策略的有机组成部分，因此必须服从和服务于整个营销系统，使营销组合中的各项策略相互协调发挥最大的作用。其次，系统性是指品牌传播的各种手段和工具必须保持一致性。品牌传播的手段和工具多种多样，如今的品牌传播通常都需要整合运用多种传播方式，如以广告为核心，配合线下的促销活动，或者赞助和公关等传播方式，共同发挥作用。在传播活动开始前或者活动进行中，要从系统的规划出发，以统一的策略来指导各种传播方式和各个传播环节，使之有关联性，向消费者传达统一而连贯的品牌信息。最后，系统性还要求传播策略要与企业和品牌整体发展战略一致，在品牌及企业的历史传统、现状及未来走向等多维度中制定品牌传播策略。

第三，创意性原则。品牌营销传播过程中的创意最早体现为广告作品的创意，这里的创意除了指具体方案作品的创意性，更是指能统领整体传播活动的"大创意"，即要求传播策略要坚持创新，想他人所未想，以创造性和创意性思维来生成传播内容、选择传播方式和传播渠道，从而吸引消费者眼球，并影响消费者的认知和行为。传播策略的创意性重点体现在策略高度的创意性上，整个传播过程都要有新意，无论是在战略全局规划上，还是策略细节设计上，都要有创造意识和创新意识。

2005年，联合利华公司旗下的多芬（Dove）品牌在全世界范围内发起了主题为"真美运动"的品牌传播活动，取得空前的成功。在经过详尽的消费者调查之后，联合利华发现只有差不多2%的女性认为自己美丽，消费者对自己是否美丽的评判标准非常严苛也很程式化，这种标准很大程度上是由长期以来时尚界与美容界所遵循的销售美丽梦想的营销原则规定。基于这一背景，多芬品牌的传播策略创意点在于他们决定反其道而行之，刻意瓦解对美丽的标准化解释的立场，发起一场重新阐释女性之美的全球性大探讨，多芬希望改变女性对自身外形及美丽的态度，希望女性意识到美丽同外形、身材、尺寸、年龄和肤色无关，同时希望人们对美丽的解释更加多元化。在这一大创意的指引下，多芬开展了包括各种媒体广告、大规模公关、互动传播公益活动等各种传播方式，还包括一些全球调查、大型研讨会、社区网站等具体活动（图3-1）。

图3-1 多芬"真美运动"海报

第二节 品牌传播策略的内容

要开展有效的品牌传播，其策略内容主要包括以下几个方面：确定目标受众；明确传播目标；设计传播信息；选择信息传递的媒体和渠道；收集传播反馈信息。

一、目标受众策略

品牌传播开始于确定目标受众，目标受众会极大地影响营销传播人员的多项重要决策，包括说什么、怎么说、何时说、在哪里说，以及由谁来说等，是制定整体传播策略的基础。目标受众应该是品牌当前或者潜在的消费者，或者是制定购买决策的人及影响购买决策的人，也可能是个人、群体、特定公众或者一般社会民众。

为了达到理想的传播效果，必须根据目标市场来确定传播对象。以性别为例，男性和女性因为生理和心理特性的不同会购买不同的产品，就算是相似产品在功能上也会追求一些不同的特性。如今，女性在全球消费中的主体地位越来越明显，对男性产品的购买也有了更多的参与，有营销研究人员对于将女性作为目标受众的营销传播活动提出了如下一些建议（图3-2）：

- 有帮助，信息集中在品牌如何改变女性的生活。
- 促进参与，女性是优秀的品牌大使，要让她们参与品牌传播。
- 重点放在实用的信息而不是琐碎的信息。
- 讲述能够引发女性共鸣的故事。
- 提供细节。
- 要积极，不要强调女性的不安全感，而要强调品牌如何帮助女性。

图3-2 针对女性受众的品牌传播建议

宝洁公司深谙传播之道，公司旗下多个针对女性市场的品牌在进行传播时，都体现了上述传播策略。比如飘柔洗发水，一直在广告中宣传品牌能帮助女性拥有柔顺的秀发，女性会因此更美丽自信、更受社会欢迎。玉兰油品牌则宣传针对所有女性的皮肤护理产品，告诉女性消费者宝洁公司想要帮助她们拥有美丽的肌肤和美好的人生。

性别提供了将产品与广泛的消费者群体相匹配的最直接的标准，但是，需要慎重考虑的是产品是否只是针对两性中的一个性别，因为在过去的半个多世纪中，人类对性别的认知和性别角色的划分已经发生了很多变化，最典型的是同性恋群体的扩大，这一群体在社会地位和社会消费等层面影响力越来越大。

另外，营销传播通常面向一定年龄层的消费者，如儿童、青年、中年人和老年人。年龄常常会和其他人口学指标一起考虑，如性别，老年女性通常是某些诸如维他命和补钙药品及保健品的目标用户和传播对象，有孩子的年轻女性通常更愿意关注婴幼儿用品和家居便利品的宣传信息。一个特别有吸引力的群体是12岁以下的少年儿童市场，在世界各国的人口结构中，少年儿童所占的比例都相当大，消费市场十分广阔。在我国因大多是独生子女家庭，所以少年儿童有着很高的消费地位，虽然他们的消费活动要依赖成人帮助，但家长在可能的情况下会尽量满足他们的消费需求。而且，研究发现到3岁时孩子就可以认知品牌标识，并开始逐渐具备品牌意识，如果能在消费者很小的时候就建立品牌忠诚，那么该消费者可能成为品牌的终生客户。

另外，在老年人市场也发生了很大变化，通常60岁以上的公民被称为老年人，但是很多营销传播人员发现，已经很难将老年人看作一个统一的市场，年龄已经不能准确地划分这个群体，因为这个市场包含很多更小的群体，由于经济收入、社会地位以及生活方式等因素的影响，有些老年人身体虚弱、生活孤单，但有些老年人仍然拥有健康的体魄和丰富的退休生活。因此，要避免在广告中出现刻板化的老年人形象，要强调一些老年人更看重的友谊、家庭的天伦之乐和参与感、积极的生活兴趣等内容。

此外，还有一些其他因素也会影响传播的目标受众策略，比如，由于消费者个体创新精神的差异，人们尝试新产品的意愿也有很大差异，某些创新型的、技术性的产品推向市场时，通常要遵循创新扩散的规律，即某些"消费先锋"和早期采用者会是新产品最初的使用者，因此在传播中需要将这些人首先作为重要的目标受众，让他们发挥意见领袖的作用，以影响更多人对品牌的认知。

最后，特定的传播目标也会影响目标受众的确定，比如某些公益性的传播活动会将特定群体或者普通民众作为传播受众，还有一些企业形象和公关类的品牌传播会将其他品牌利益相关人如媒介、政府组织、投资人及公司员工等作为目标受众。

二、传播目标策略

在确定目标受众之后，营销传播人员就必须明确希望通过传播活动得到的反应，即传播目标问题。最直接的反应通常是消费者的购买行为，但购买只是消费者决策制定过程的最终结果，传播策略的制定者需要知道目标受众现在处于何种阶段，以及需要发展到什么阶段。通常消费者在做出购买决策行为前，要经过六个阶段，这些阶段是消费者在购买决策过程中要经历的，包括知晓、了解、喜欢、偏好、信服、购买（图3-3）。

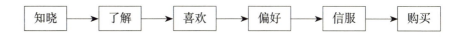

图3-3 购买者准备阶段

在前面的章节我们曾讲到，营销传播活动要达成的目标基本上可以归结为告知、说服、强化、提醒这四种，结合购买准备阶段的特性，我们可以对传播目标做进一步细化。

目标受众可能对传播推广的产品或品牌一无所知或知之甚少，此时传播沟通人员必须首先为品牌建立知名度，以求让目标受众对品牌有更多的了解和知晓。例如，为了向消费者介绍其创新性的平板电脑品牌Surface，微软公司在该产品上市之初的10个月里耗资近1.9亿美元开展了声势浩大的营销传播活动，公司在传播中将Surface介绍为"一款解决你工作生活的全部问题的设备"，它比笔记本电脑更轻、更薄，但与同类的平板电脑相比又具有可拆分式键盘等更多特点。公司在传播中运用了传统媒介、移动互联网和社交网站等各类媒体，并配合店内促销等各种传播手段，迅速提升了整个市场对该产品的知晓度和了解程度。

一旦潜在消费者对微软的Surface平板电脑有所了解，那么接下来公司的营销传播目标就变成推动潜在消费者进一步对这种创新性产品产生强烈的情感，包括喜爱（产生好感）、偏好（相对其他竞争产品，对Surface情有独钟），以及信服（相信Surface是自己当前的最佳选择）。于是，公司运用多种传播手段来创造这种积极的情感和信服，在YouTube等各种社交网站的主页上进行形象宣传和播放视频以吸引消费者，解释该产品的用途和特点；通过新闻发布会和其他公共关系活动帮助保持消费者的兴趣和议论；建立Surface官方网站以提供补充信息等。

最后，部分目标消费者被说服了，但他们还没有下定购买决心，因此接下来营销传播者开始着手引导这些消费者采取最后的购买行为，微软提供了特殊的促销价格、产品升级，以及邀请和鼓励消费者在官方网站、社交网站主页和其他地方发表正面的评论。

上述传播目标和传播过程的描述其实更多是属于公司或品牌营销层面的，传播目标来源于整体营销目标，并且要为达成整体营销目标服务。营销目标通常比较概括，因为它是针对整个公司制定的，常见的营销目标通常从销售量、市场份额、投资回报等方面来设定。相反，传播计划需要强调一个具体的传播目标，有时候品牌传播并不指向短期的营销目标，而是指向品牌长期发展的形象或关系等方面。图3-4列出了一些企业常见的传播目标，大型公司会为每个品牌分别设立传播目标，但一般来讲，单个品牌的某一个传播计划通常聚焦在一个目标上，目标太多往往也会迷失方向。

- 建立品牌知名度
- 维持顾客对品牌的忠诚度
- 提高品类需求
- 改变顾客的信念或者态度
- 促进购买行为
- 鼓励重复购买
- 提升公司形象
- 提高市场份额
- 提高销量
- 强化购买决策

图3-4 常见的传播目标

有些传播活动可能会设置一个以上的传播目标，这种情况通常发生在传播目标可以有机结合在一起的情况下。例如，有时同一个传播活动既能建立品牌知名度，又可以提高销量。特别是在整合营销传播策略下，不同的传播方式可能达成不同的目标，关键是将目标与媒介选择及信息策略进行匹配。

三、信息策略

确定传播目标之后，营销传播策略的制定者开始思考如何设计有效的信息。理想的信息应该能够引起注意（attention）、产生兴趣（interesting）、激发欲望（desire）和促进行动（action），这就是AIDA模型。实际上，很少有信息能够完成所有环节并将消费者导向购买阶段，但是AIDA模型框架提出了理想情况下一则好信息需要达到的标准。在组织信息时，需要决定说什么（信息内容）和怎样说（信息结构和形式）的问题。

1. 信息内容

信息内容主要指信息诉求方式或信息主题，诉求主要有三类：理性诉求、情感诉求和道德诉求。

理性诉求与受众的自身利益相关，展示产品将带来的预期利益，如说明产品的质量、经济性、性能等方面的信息。这种信息策略可以作正面表现，即在信息中告诉受众如果购买某种产品或接受某种服务会获得什么样的利益；也可以作反面表现，即在信息中告诉消费者不购买产品或不接受服务会对自身产生什么样的影响。如"白加黑"感冒片的电视广告：五彩缤纷的电视画面突然消失了，屏幕上一半黑一半白，而且信号极不稳定，此画面一下子引起人们的注意："怎么了，电视机出毛病了？"正当你着急的时候，突然看到屏幕上出现一行字："感冒了，怎么办？你可选择白加黑呀！"紧张的神经这才松弛下来，而下面的广告信息已经乘机钻进你的脑际：白天吃白色药片，不打瞌睡；晚上吃黑色药片，可以睡得香。

情感诉求旨在激起消极的或者积极的情绪，从而刺激购买。常见的情感诉求点包括爱、欢乐、恐惧和安全感等。情感信息的提倡者认为，情感诉求可以吸引更多的注意，为广告主和品牌赢得信任。若消费者在思考之前就产生情感，能使整个传播说服工作都具有情感性。2016年春节期间，美的空调挖掘春节、回家、温暖和产品属性之间的内在关联，发起了以"总有一种温暖等你回家"的品牌传播活动，用浓厚的人情味温暖了整个春节。

道德诉求能帮助受众了解什么是"对的"和"恰当的"。它们通常用于鼓励人们支持社会事业，诸如保护环境或者关爱弱势群体。如壳牌石油在品牌宣传中一直强调企业对环境的保护，对生物多样性的保护、防止漏油、解决运营过程中出现的大气污染问题以及节约用水等。

2. 信息结构

信息结构是指信息的劝服方式问题，体现为三个方面：第一，应该直接给出结论，还是让受众自己判断？研究表明，在许多情况下，策略制定者最好是提出问题，让购买者自己得出结论；第二，应该在开始还是在最后提出强有力的论点？如果一开始就抛出强有力的论点虽然可以引起强烈的注意，但是也可能导致虎头蛇尾；第三，应该提供单方面的论点（只提产品优势），还是两方面的论点（宣扬产品优势的同时，也承认其不足之处）？通常，单方面的论点在销售展示中更加有效，除非信息接收者受教育程度很高，或者可能听说过相反的意见，或者品牌本身就有需要克服的负面联想。例如，亨氏传达这样的信息："亨氏番茄酱因为质量好，所以流出慢"；而李施德林漱口水则宣传："每天两次李施德林的坏味道"。在这种情况下，正反两方面信息的展示更能提高品牌的可信度。

信息结构还包括作品设计环节对标题、文案、插图和色彩等信息内容和元素的编排策略。如果信息通过包装来传递，则信息策略还必须关注包装的质地、结构、气味、色彩、大小或者形状等问题。如可口可乐品牌推出的"昵称瓶"传播活动，在可口可乐的包装上印上互联网时代的"昵称"，色彩本身就能强化一个品牌的信息识别，红色的可乐瓶印上白色的网络昵称，将包装瓶变成了时尚的社交工具和强有力的信息载体（图3-5）。

图3-5 可口可乐的"昵称瓶"活动

四、传播手段和渠道策略

传播手段是指与消费者展开品牌信息沟通的主要方式，传播手段的特征和应用在后面的章节我们会重点介绍。传播渠道是指信息通过什么媒介渠道到达消费者，品牌传播活动需要根据目标受众的差异及传播目标的不同而选择不同的媒介渠道。媒介渠道可以分为两类：人际沟通渠道和非人际沟通渠道。

1. 人际沟通渠道

在人际沟通渠道中，两个及两个以上的人彼此直接沟通，具体方式包括面对面谈话、打电话、通信、电子邮件,以及使用网络工具进行网上聊天等。人际沟通渠道有时候会被忽略,但是传播效果却非常好,因为人们可以直接沟通和及时反馈,且人际沟通常常基于沟通者之间相互的信任。有的人际沟通渠道由公司直接控制,比如,公司的销售人员与目标顾客接触;有些人际沟通渠道则由其他方式到达消费者,如专家或权威者(消费者权益组织、网上购物指南),或者目标购买者与家人、朋友、邻居以及同事的交谈,这也称为"口碑传播"。

最近的一项研究发现,亲戚或者朋友的推荐对全球的消费者来说都是最有影响力的因素:50%以上的消费者说亲朋好友是影响他们知晓和购买的首要因素。另有研究发现,90%以上的顾客信任熟人的推荐,而70%的人信任网上其他消费者发布的评论。如今在各种购物网站,消费者通常会首先查看其他用户的购买和消费评论,再做出购买决定,特别是有关大件商品的购买更加明显,许多人会因为其他用户的差评而放弃购买。

许多公司会采取措施来制造对自己有利的人际沟通行为,比如为品牌培养意见领袖,这些人的观点会受到其他人的追随,公司会将产品以优惠的条件提供给他们,甚至邀请他们参加有关企业和品牌的培训,以便他们能够向消费者提供更详细更深入的品牌信息。

2. 非人际沟通渠道

非人际沟通渠道是没有人际接触的信息传播途径,主要指各种大众媒体渠道,包括印刷媒体(报纸、杂志、直邮),广播媒体,电视媒体,陈列媒体(户外广告牌、海报),以及网络媒体。我们常说的品牌传播媒介,主要指的是非人际沟通渠道。

运用大众媒体常常能在特定的传播时段影响更多的普通消费者,但其传播过程通常也需要借助人际沟通来发挥作用。信息传播首先从电视、杂志和其他大众媒体传达到意见领袖或者对媒介信息更敏感的受众,然后从这些意见领袖传递给其他人。在广告和促销活动中引入消费者或名人等舆论领袖代言的方式,其实也是利用非人际沟通渠道来刺激人际沟通渠道的产生。传播媒介策略的制定将直接影响信息能否准确到达目标受众,是连接信息与目标受众之间的重要桥梁。

五、收集传播反馈信息

信息通过媒介发出之后,营销传播者还需要调查它对目标受众的影响。包括询问目标受众是否记得该信息，看过多少次，还能回忆起哪些要点，有何感受，以及对产品或公司过去和现在的态度，当然最容易衡量的反馈来源于信息对实际行为的影响，即有多少人购买了产品，与其他人谈论过产品，或者到商店咨询该产品的相关信息。

传播过程中依据受众的反馈意见，可能需要对传播活动甚至是产品本身做出相应的调整。例如，某百货公司运用电视和报纸广告通知所在区域的消费者有关店址、服务和促销活动的信息。假设反馈调研显示，某区域的所有购物者中有80%能回忆起看到商店的广告，知晓其促销信息，这些知晓者中有60%在信息播出后光临过该百货公司，但他们中只有20%对购物体验感到满意。这些结果表明尽管传播制造了高知名度，但该百货公司的产品或服务并不能令消费者满意，因此，需要在继续开展传播活动的同时，改善消费者的购物体验。相反，如果调查显示只有40%的消费者知道商店的促销活动，其中只有20%进行过购物活动，但购物的消费者中有80%都感觉满意，那么这种情况下百货公司则需要加强传播频率和覆盖面，使更多的消费者能接触到促销信息。

许多时候，也会出现受众对信息内容本身不满意的情况。如大众汽车品牌POLO的广告曾因涉嫌"歧视"地铁族而引起争议，后迫于压力，大众公司对传播活动进行调整，撤掉了该系列的所有地铁广告（图3-6）。

图3-6 Polo地铁广告

第三节 整合营销传播策略

一、整合营销传播概念

传统的营销传播活动相对简单，广告人的工作内容也很简单。当一个品牌需要进行宣传时，往往只需寻找合适的广告公司，品牌管理人员和广告公司人员对于自己想要做什么都很清楚，其工作流程通常是针对品牌问题，拟定传播目标，然后想出一份创意策略，再拟订一份广告媒介规划，制作并投放电视广告和平面广告，然后或许会配合制订一份线下的促销活动计划，最多再开一个新闻发布会引发新闻话题。但在如今这样一个数字化的竞争时代，那种仅仅依靠向媒体大规模投放广告就想达成传播目标的工作方式已经非常落后了。

如今的品牌营销推广活动除传统的广告、促销、公共关系之外，已经扩展到包括线上和线下的多种方式，如赞助营销、事件营销、网络营销、口碑营销、体验营销、直效营销,以及各种各样层出不穷的另类营销方式,每一种营销方式其实都在与消费者沟通,让消费者了解产品、品牌及企业的价值,以及它是为什么样的人设计。广告、公关、促销、直效营销等都是不同形式的沟通和传播,店内商品陈列、店面促销以及海报等也是传播,社交媒体上的品牌信息分享也是广告,品牌网站或者其他虚拟品牌社区也是非常有效的传播形式,当产品售出之后,售后服务也是一种传播。营销与传播越来越密不可分。

整合营销传播成为企业传播管理中最有效的和最具影响力的传播策略,该策略要求综合协调地使用各种形式的传播方式和资源,以统一的目标和统一的传播形象,传递一致的品牌信息,实现与目标受众的双向沟通,更有效地达到品牌传播和产品营销的目的。简言之,即围绕一个传播主题将上述各种传播方式和手段进行最佳组合,使之相互配合,产生一种协调作战的综合作用,以提供清晰一致的信息,建立统一的形象,发挥最大的传播效果。

整合营销传播强调以消费者为核心,传播过程要实现与消费者的双向沟通,而不是传统营销传播的单向沟通。双向沟通意味着企业与目标消费者在进行一种信息交换活动,为了达成信息交换的目的,企业必须先了解消费者所拥有的信息形态及内容,再通过某种渠道或方式,洞察消费者需要哪一种信息,最后对消费者的需要予以回应。

以前营销传播对象使用消费者这个概念,消费者一般指购买或使用某产品或服务的人。由于要影响的对象是消费者,于是人们努力研究作为消费者的个体或群体的各种消费行为、消费心理,以及媒介接触习惯等。生活者概念的提出是一次巨大的观念转变,消费者被还原为实际生活中的人,消费活动仅仅是人们日常生活中的一个组成部分,除此之外,还有娱乐、学习、交友、休息、社区活动等不同的生活方式,以及人们的生活态度、价值观等,这些活动显然与消费活动密不可分。品牌传播显然已不是通过广告传递产品或服务信息那么简单了,而是已经深深地融入人们的日常生活。

传播策略只有根据目标生活者的实际生活形态,采取全方位的信息沟通策略,也就是利用一切可能利用的信息渠道,尽可能地把同一信息传递给生活者。在这个过程中,还必须随时了解其反馈,以便及时作出调整。这样,传播渠道就远不止传统四大媒体和互联网,所有能够传递信息的载体,如体育、文艺、社会活动等,都可以成为品牌与目标受众沟通的有效渠道。

二、进行整合营销传播的原因和意义

促使企业纷纷采取整合营销传播策略的原因主要有：媒体环境的变化、消费者信息接收方式的变化、企业对传播结果的重视。

1. 媒体环境的变化

网络、移动互联网以及社交媒体的出现为营销传播者带来了巨大的机会。网络营销已经从单纯的网络广告发展为互动式网站、博客、社交网络等平台的运用。很多公司都开始削减传统媒体的广告支出，投向了网络新媒体和不断出现的其他媒体形式。

2015年年底，隶属于IPG（全球知名的广告与传播集团）的Magna Global（盟诺公司，是全球最大专业从事媒体广告谈判的公司、美国广告市场研究机构）公布了全球广告支出类型数据报告，该报告指出，数字媒体以38%的占比超越37%的电视媒体成为最大投放比例，之后依次为报纸的9%、户外的6%以及广播的6%和杂志的4%。宝洁、强生、丰田等许多公司都削减了电视和报纸广告支出，转而投向数字媒体。正如通用汽车总裁所指出的："购买新车的顾客中有70%左右会进行网上调研。"其他产品也有同样的情况发生。

媒体环境的变化在给品牌传播带来机会的同时也造成严峻的考验，正如一位营销管理人员所说的，在当前的情况下，"最大的问题是复杂性和碎片化……消费者有太多太多的选择"，对管理者来说，最大的挑战是如何以有序的方式进行整合。

整合营销传播被越来越多的公司所采用，它要求识别消费者可能与公司及其品牌的所有接触点，每一次品牌接触都是一次信息传达，公司希望在与顾客的每一次接触中都传达协调一致的正面信息，将所有的信息与形象联系在一起。

不同的媒体在吸引、告知和说服消费者上具有各自独特的作用，需要在整合营销传播中依据不同的受众分类和传播目标来选择媒介形式，将不同的媒介形式有效协调以发挥最大效用。

2. 消费者信息接收方式的变化

传统的传播理论将受众看作被动的信息接受者，如今技术的进步和媒介的多样化发展使受众在处理品牌信息上有很大的主动权。具有强大购买力的年轻消费者已经很少观看电视了，他们通过社交媒体和全世界的朋友交流，他们越来越擅长通过各种技术手段屏蔽广告信息。仅仅是吸引他们的注意力就变得非常困难，要想找到和他们之间互动交流的方式，并创造积极长期的品牌体验就更加困难了。

消费者虽然会受到各种营销信息的轰炸，但是他们不会像市场营销者那样区分信息来源之间的差别。在消费者心目中，来自不同媒体的信息和促销方式——无论是体育赛事中的广告、店内陈列、手机应用，还是微信朋友圈发布的信息，这些汇总起来就构成了公司和品牌的形象。如果不同渠道所传达的信息彼此冲突，就可能导致混乱的企业形象、品牌定位和客户关系。

企业如果不能有效地整合各种营销传播渠道，结果就是消费者接收到的是公司信息的大杂烩。大众媒体广告说的是一回事，店内促销传达的又是另外一回事，公司网站、电子邮件、微博上发布的视频又完全不同。出现这种问题最根本的原因可能在于，这些信息通常来自公司的不同部门，广告信息由广告公司策划和执行，人员销售沟通则由销售管理部门完成，公司内部的管理人员负责公共关系、网络或社交媒体沟通。对于公司来讲，这样的职能分配更易于管理，但在消费者这里会将来自不同信息源的信息组合在一起，如果这些信息彼此不能很好地协调，必然将使消费者产生模糊不清的品牌认知。

3. 企业对传播结果的重视

在竞争越来越激烈的商业市场，企业要求广告公司在传播活动之后拿出可量化的结果。优惠券的使用、竞赛、折扣或者是广告活动，都必须在销售额、市场份额、品牌知名度、消费者忠诚度或者其他指标上得到可测量的、可量化的结果，才能被认为是成功的。

BBDO广告公司的一位首席战略官曾说到，公司管理层厌倦了"把钱花在那些成本不断上升，收益却越来越少的电视广告和精美的杂志广告上"。

因此，越来越多的企业开始运用多种营销渠道和方法，结合事件营销，并运用数据收集技术来收集和追踪客户的姓名、个人信息和需求，将大众媒体传播和个性化传播方式结合起来，使传播活动更精准、更有效。

三、整合营销传播的方式与应用

自20世纪90年代以来，整合营销传播已经成为营销管理领域最具影响力的策略工具。最早认知并运用该工具的是广告传播公司。许多世界级广告公司敏锐地把握了这一发展趋势，纷纷调整自己的定位，如世界上最大的广告公司日本电通，直接把自己定位为"卓越信息沟通"的公司。

其实许多跨国广告集团早已实现了由单一广告经营到整合传播代理的转变，诸如奥美就以"品牌管家"来标榜自己；扬·罗必凯则在1971年就决定成为"全方位传播公司"。整合营销传播在广告公司的实践中主要包含信息内容以及传播渠道两方面的整合。奥美"360度品牌管家"的理念强调的重点是渠道的整合；而电通"蜂窝模型"则把焦点放到了内容整合。

1. 整合营销传播的方式

渠道整合是指整合营销传播应当做到使不同的传播手段和媒介在不同的阶段发挥最大的作用。

20世纪90年代中叶，随着整合营销传播观念的风行，奥美提出"360度品牌管理"。所谓360度，是指每一个与消费者的接触点都能达到预期的效果，每一个接触点都能准确地传达信息，接触点管理能使经验更加容易获取、信息更加丰富。360度品牌管理强调在"品牌与消费者的每一个接触点"上实行传播管理。奥美的品牌管理之道是一个完整的作业过程，它确保所有的活动都能反映并忠于品牌，积极地去管理产品与消费者的关系，确保所有的活动都能够反映、建立并忠于品牌的核心价值和精神。

理想的营销传播方案应该强调各信息渠道和接触点的选择能够互相补充、互相强化，能系统和策略性地加以运用，从而保证既不浪费资源，又能增加品牌信息传播的到达率。

内容整合即我们常说的"一个声音"，是指从不同渠道传播的信息必须有共同的内容和含义。随着各种各样的媒体提供的信息越来越多，消费者更多会因为自身的需求而主动接触信息，而不必像过去那样完全依赖企业和营销传播者控制的信息流通系统。

因此，无论基于何种接触点，选择哪些传播手段，整个营销传播方案都应当进行整体协调，以建立起统一而一致的品牌形象。如果经过多样的媒介渠道传递的信息互相矛盾，就很可能会被消费者所忽视。

许多对整合营销传播的定义中都毫无例外地强调了信息的"一致性"这一关键点。唐·E.舒尔茨教授强调整合营销传播战术的连续性,在这里连续性就是指所有通过不同营销传播工具在不同媒体传播的信息都应彼此关联呼应。营销学者约翰·伯内特(John Burnett)和桑德拉·莫里亚蒂(Sandra Moriaty)将整合营销传播定义为"统一所有营销传播工具的实践——从广告到包装——向目标受众传递一致的、具有说服力的信息,以推广公司的目标"。

在品牌传播的内容整合方面,电通为我们提供了一个非常有力的策略工具,那就是品牌识别要素蜂窝模型,简称电通蜂窝模型。该模型是电通公司在品牌传播管理实践中总结的成果(图3-7)。

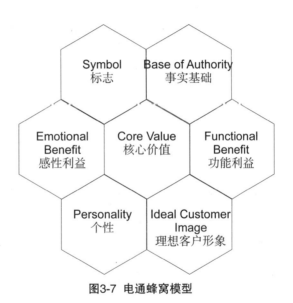

图3-7 电通蜂窝模型

蜂窝模型以核心价值(品牌本质)为中心,以及品牌符号、事实基础(品牌价值的支持因素)、品牌情感利益、功能性利益、(品牌)个性、理想顾客形象七个要素共同构成。在蜂窝模型中,核心价值周边的六个要素环环相扣,其他各要素围绕核心价值而形成一个成长与扩张的结构。

蜂窝模型告诉我们,在品牌传播中,应该厘清品牌本身所包含的层次与含义,明确品牌核心价值的决定因素,然后通过这些因素把品牌的定位与价值信息逐层地、完整地传达给消费者,每一个因素的表现都承担着传达和丰富品牌核心价值的任务。从品牌传播的角度来看,该模型清晰地定义了什么是"品牌传播内容的整合",是制定整合营销传播策略有效的参照工具。

2. 整合营销传播的步骤

整合营销传播作为一种策略手段，其本质和内涵在于以消费者为中心，在实践中主要表现在以下几个方面：

第一，以消费者为中心，以消费者资料库为运作基础，研究和实施如何抓住消费者，打动消费者，与消费者建立一种"一对一"的互动式营销关系。

第二，以关系营销为目的，整合营销传播要通过各种手段建立消费者对品牌的忠诚，构建与消费者之间的稳定关系。

第三，是整合的概念，过去企业习惯于使用广告这一单一手段来促进产品的销售，如今传播手段越来越多，传播本身开始分化和组合，要注意整合运用各种手段和载体，达到最佳传播效果。

基于以上几点，企业的整合营销传播通常有如下方法和步骤：

第一，建立消费者资料库。资料库的内容至少应包括人口统计、心理统计、消费者态度和购买记录等信息。整合营销传播将焦点置于消费者、潜在消费者身上，所有的决策都依赖于对目标消费者和潜在消费者的了解。

第二，研究消费者。要尽可能使用消费者及潜在消费者行为方面的资料作为市场划分的依据，相信消费者的行为能够更清楚地显现消费者在未来将会采取什么行动。电子商务网站上许多类似"该用户还购买过什么产品"，以及"喜欢该产品的用户还关注什么其他产品"之类的推广信息，都是基于对消费者已经采取的购买行为的分析。

第三，接触管理。企业要管理好所有与消费者的接触点。现在的市场由于资讯超载、媒体繁多，干扰的"噪声"大为增大。重要的是决定何时、何地、如何与消费者接触。

整合营销传播的核心目标之一是与那些最有价值的消费者保持长久的紧密联系。这意味着从消费者第一次接触品牌到品牌不能再为其服务为止，企业都必须整合运用各种传播手段，使其与品牌的关系越来越密切，互相获利。

第四，发展传播策略。基于接触管理，为整合营销传播计划制定明确的营销传播策略。对企业来说，营销传播目标必须合理并且可量化。

第五，营销传播工具的创新。营销传播目标确定之后，就要决定用什么传播工具来达成此目标。如果人们将产品、价格、销售渠道、服务和体验等都视为是和消费者沟通的要素，那么整合营销传播管理者将拥有更多样、更广泛的工具来制定策略。

第六，传播手段的组合。最后一步就是选择有助于达成营销目标的传播手段，从单向的说服性传播到全方位的信息沟通，以各种传播媒介的整合运用为主。这里所用的传播手段可以无限宽广，除了常见的广告、直销、公关及事件营销以外，事实上产品包装、商品展示、店面促销活动等，只要能协助达成营销及传播目标的方法，都是整合营销传播中的有力手段。

3. 整合营销传播策略成功案例

案例一：耐克"跑了就懂"整合营销传播

"跑了就懂"是耐克大中华区首次以单一运动"跑步"作为市场活动的故事主轴。

2013年11月13日，耐克正式推出全新JUST DO IT市场活动"跑了就懂"，延续重精神表现的品牌宣传方式，开始挖掘各种或精彩或感人的跑步故事。耐克为整个传播活动制作了感人细腻的系列广告片，以及和广告片风格一脉相承的海报，并采取了线上线下的话题互动，在微信平台进行许可式推送等，多种传播方式吸引了大量消费者和媒体的关注、参与。品牌传播以2013年12月的上海国际马拉松作为最终的高潮，成功地为整个传播活动收尾。本次整合营销传播活动强化了NIKE在人们心中的品牌形象，增强了品牌忠诚度。

大部分的中国消费者都认为体育运动是"累"且"枯燥乏味"的，而"举国体制"的长时间影响也造成人们对运动方面存在认知上的误区。如今，随着生活观念及教育方式的转变，许多人开始想要重新认识运动。耐克本次的传播目标是向不同的人群发出"运动很酷"的信号。耐克希望让那些已经在运动的、准备开始运动的或者想运动但找不到机会的人，能通过新颖夸张的广告设计、终端旗舰店的氛围体验、主题广告片的情感诉求感受到运动的乐趣。

耐克大中华区公关总监黄湘燕表示："我们希望通过这种方式使休闲类运动鞋能够与专业类并驾齐驱。"根据耐克发布的财务数据，2013年耐克运动休闲品类的销售额最高，达到56.37亿美元，占比26.99%，比跑步类产品还要高。所以，耐克宣传目的并不在于卖掉多少东西，而在于吸引多少人走进来，让中国消费者重新体验奔跑的痛快感，热爱生活，随时随地运动，然后每当你想要买双鞋或者买件衣服的时候，第一个冒出来的品牌就是耐克。

"跑了就懂"整合营销传播活动，以一支60秒的主题广告"跑"（The Run）和五支跑者访谈短片组成的互动式广告作为开端，讲述了74岁跑者孙更生、台北街头路跑俱乐部、香港盲人跑者傅提芬、上海复旦三姐妹和跨栏世界冠军刘翔等人的跑步初衷以及跑步对他们生活和生命的改变。最明显的特征是，广告片里的主角几乎都是平民，生活场景即他们的运动场（图3-8）。

图3-8 "跑了就懂"电视广告

另外还有一系列内容与广告一脉相承的平面广告，内容呈现跑步者的背影，和多问一答的表现方式："减肥非得这么辛苦？——去夜店蹦不是更爽？小腿跑粗了怎么办？""为什么不在家享清福？——越跑越长寿？不用带孙子？""班都不用上？——这么拼给谁看？跑得快能升职加薪？"等，平面广告主题鲜明、内容丰富，吸引了许多消费者关注（图3-9）。

图3-9 "跑了就懂"海报

自11月24日起，在上海的耐克淮海路品牌体验店、北京三里屯耐克跑步品类体验店、耐克广州品牌体验店，消费者将可在店头拍摄"为何而跑"的海报，海报可以在店头进行现场打印，由消费者进行微博分享。

围绕"跑了就懂"的主题，耐克在微博平台也开展了网络互动活动，活动内容包括：话题分享，帮平凡人制作"跑了就懂"的专属海报，以及马拉松赛前动员和练习分享。

配合此次传播活动，耐克甚至专门开通了一个名为Nike+ Run Club 微信服务账号，提供跑步贴士、训练计划、选鞋指导、跑步路线、跑步活动、NIKE+常见问答，旨在建立起一个微信平台上最好的跑者社区。

"跑了就懂"整合营销传播活动中的另外一个大动作，是赞助2013年上海国际马拉松赛事，这是与"跑步"诉求点契合度极高的一个事件，参与者与品牌理想的目标用户密切吻合。为了在赞助活动中加强耐克的传播力度，品牌采取了一系列的辅助传播活动，包括户外广告、微博互动活动、明星微博转发等。其中微博互动活动鼓励3.5万名参赛者将跑步理由写在参赛者编号牌上，然后用镜头来捕捉和放大每一个答案。此次赞助活动也吸引了许多新闻媒体进行二次传播（图3-10）。

耐克的此次整合营销传播活动拥有一个共鸣度极高的传播主题，传播手段和方式的运用层次鲜明、步步推进，线上与线下强大互动，把握了消费者的情感，促使消费者主动参与传播；通过创造话题，利用新闻媒体进行二次传播；线上线下活动相结合，通过免费制作专属海报，获得参与者认同感；借势赞助知名度极高的体育赛事，并准确把握传播节奏，掀起了一场品牌与消费者之间互动交流的狂欢。

图3-10 马拉松赛事现场画面

案例二：可口可乐"快乐中国创造"

从2009年开始，可口可乐每年春节都会推出"新年第一瓶可口可乐"的传播活动，这已经成为可口可乐标志性推广事件。可口可乐的目标是让中国成为一个更快乐的地方，因此，2013年可口可乐在中国大力推广"快乐中国创造"系列营销传播活动。将快乐着眼在普通人身上，找寻人们身边的那个快乐制造者，整个传播活动强化了可口可乐积极、快乐、亲和的品牌形象。

此次营销传播活动线上以"快乐中国创造"电视广告为传播核心，辅以网络平台的可口可乐圈App应用，SNS社交网站传播，以及微博营销传播等手段；线下传播活动包括上架了可口可乐新包装的产品，在户外及超市展开了"Shine出弧形瓶"的广告宣传活动,开通"可口可乐快乐巴士"免费接送返家大学生到火车站乘车,并赠送可口可乐饮料(图3-11、图3-12)。

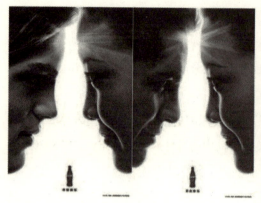

图3-11 "快乐中国创造"电视广告

图3-12 "Shine出弧形瓶"户外广告

整个传播活动可分为两个阶段,第一阶段的传播目标是快速扩大可口可乐"快乐中国创造"主题传播活动的覆盖面,该阶段的主要手段有:

(1)通过电视、户外、平面、网络等媒介发布系列广告。系列广告采用平民策略,既可以直接与百事的明星策略区隔开来,又能激发普通大众参与活动的积极性,广告覆盖面广、到达率高,生动形象地塑造和传递了品牌形象。

(2)在新浪微博发起活动,晒出快乐图片加上"谁是你的快乐制造者"并发送给可口可乐,参与的网友有机会获得大奖。该活动与当下最热的网络社交平台结合,实现可口可乐与网友的互动,增强信息传播的有效性。

(3)可口可乐在大陆地区推出印有二维码的新包装,顾客可以通过扫描二维码下载"可口可乐圈"手机App应用参加此次活动。

第二阶段,品牌鼓励消费者主动参与本次活动,并引发消费者的自主传播,主要手段有:

(1)线下促销抽奖活动。消费者购买可口可乐产品,即可获得可口可乐新年明信片,填写许愿卡,可将心愿挂上许愿树,填写抽奖券,可获得16G联想平板电脑等丰富大奖。

(2)iCoke可口可乐圈。可口可乐建立了一个网络互动平台,消费者可提名并分享他们想要分享的内容。通过提供网络电子模板,用户可以自定义编辑内容并提名他们自己的"快乐创造者"。用户通过新浪微博、腾讯微博、人人网账号均可登录活动官方网站"可口可乐圈"并参与分享活动。

（3）可口可乐新春互动舞狮广告。该广告打破了常规的单向户外广告传播方式，通过最新的互动技术，让消费者主动参与到舞狮活动中来，并结合微博等方式进行线上传播。

整个营销传播活动在统一的主题和内容之下，整合多种传播渠道和传播方式，实现了从年轻人到老年人的消费者全覆盖，充分挖掘了春节这个时段的意义，实现了品牌与消费者在众多接触点的有效沟通，在传递可口可乐"创造快乐"理念的同时，也增强了消费者对品牌的忠诚度。

第四章　品牌传播手段

执行品牌传播活动需要借助合适的手段和方式。通常，我们最常见的品牌营销传播手段是广告，我们也习惯性地将品牌所有的推广性传播活动统称为广告，然而事实上广告只是品牌传播手段中的一种。现代品牌传播通常会以广告为核心，整合包括促销传播、事件营销、赞助传播、口碑传播、公共关系等各种传播手段。

在制定传播策略时，传播者必须了解各种传播手段的特性，理解如何在整个营销传播组合中发挥各种手段的最佳作用。在这一章里我们将会详细介绍上述各种常见的品牌传播手段。

第一节　广告传播

案例：2009年的新年刚刚过去，有一则名为"The best job in the world"即"世界上最好的工作"的招聘信息在全球社交媒体上被广泛传播，这是澳大利亚昆士兰旅游局面向全球发布的招聘通告，要为大堡礁招聘看护员，他们还为此专门搭建了一个名为"世界上最好的工作"的招聘网站（www.islandreefjob.com），网站提供了多个国家的语言版本，短短几天时间吸引了超过30万人访问（图4-1）。

澳大利亚大堡礁久负盛名，但随着海洋升温及游客增多，大堡礁的珊瑚虫一度濒临灭绝，经过一段时间的休养生息，大堡礁生态环境得到了恢复，知名度却已大不如前。为了提高人们对大堡礁的认知，昆士兰旅游局策划了一次广告传播活动来推广其旅游业。此次广告活动的代理公司以

图4-1 "世界上最好的工作" 戛纳广告节获奖海报

"the best job in the world"作为核心策略进行宣传，以最优厚的待遇条件吸引来自全球的志愿者竞争这份世界上最好的工作；同时通过YouTube、Facebook、Myspace、Twitter等媒体工具来传播这个消息。

这份名为昆士兰旅游局岛屿看护员的工作是一份真正的工作，根据活动网站的介绍，招聘的"岛屿看护员"将在澳大利亚的大堡礁进行为期6个月的工作。工作内容主要是探索大堡礁的群岛，并向外界报告自己的"探索之旅"。"岛屿看护员"可以通过更新博客和网上相册、上传视频、接受媒体采访等方式，向外界报告自己的探奇历程。作为回报，"岛屿看护员"不仅可以获得15万澳元（约70万元人民币）的报酬，还可以免费居住在大堡礁群岛之一——哈密尔顿岛上的奢华海景房中，"岛屿看护员"还能享受私人泳池、日光浴室、大观景阳台以及户外烧烤设施等。这份工作轻松惬意又报酬丰厚，确实不愧为世界上最好的工作。

接下来，由于事件的特殊性及新闻性，报纸、电视、广播、互联网媒体纷纷加入报道行列，美国《纽约时报》、英国《独立报》等都对这份令人难以置信的工作进行了免费报道。此次传播活动还有一个非常重要的组成部分，那就是要求参加竞争的志愿者必须向YouTube提交一份对这项工作内容的见解的相关视频，这为此次活动提供了610小时的免费广告。最后是海选比赛，参赛者需要以互联网为平台进行拉票，利用网络的互动性扩大了品牌宣传。

2009年正值世界经济危机爆发之时，许多人面临失业，昆士兰旅游局成功地将广告主题定为"世界上最好的工作"，在世界经济危机时逆势定位了一个很有吸引力的"工作"卖点，并利用互联网进行宣传。昆士兰旅游局在8个主要的市场展开招聘活动，带动了islandreefjob.com的网站流量，其最初目标是吸引1.4万名应聘者和增加在网络上接触这个品牌的人，以带动长远的浏览数量，结果56天内活动网站得到6849504次浏览，201个国家中有34684名求职人申请这份工作，媒体预算只有120万美元，却得到总值超过1亿美元的媒体报道。

活动的传播效果大大超出了发起人的意料。"我们想尽一切所能，吸引尽量多的目光。"昆士兰旅游局首席执行官安东尼•海斯说，但这一活动引起的反响让安东尼•海斯吃了一惊。招聘广告贴出不到24个小时，就有20万人访问了活动网站。"访问量实在太大了，我们只能从原来的一个服务器增加到现在的10个服务器。"安东尼•海斯禁不住感慨，"我们究竟做了什么？"事后，这一推广大堡礁的活动获得了2009年戛纳广告节11个全场大奖的其中2个。

一、广告的特征及定义

对广告基本概念的学习直接关系到能否建立一个正确的广告观念，并在此基础上进行科学专业的实践运作。

仅仅从字面来理解，"广告，即广而告之"，它涵盖的范围很广。除了人们最常接触到的商业广告，还有不以营利为主要目标的公共服务性广告，包括节日、民俗活动广告，公益广告，个人启事广告，政府公告，等等。

在社会生活中，除了广告还有其他形式的传播活动，例如宣传、公关、新闻等，因为它们在表现形式上有许多相同之处，所以人们经常把它们混为一谈。其实，广告作为现代社会生活中必不可少的一种传播形式，具有它独立的特性。要对广告有所了解，必须先对什么是广告有正确的认识。

1. 广告的特征

要回答什么是广告，首先需要了解广告的特征。

第一，广告是一种有偿的沟通形式。

广告是一种非常有组织的沟通形式，广告作品出现在由广告主预定并控制的版面和时间段里。绝大多数的广告都是有偿的，可口可乐、海尔、佳洁士、诺基亚、大众等企业会付钱给报社、电台或者电视台，发布供人们听、看、读的广告。不过，也有一些广告形式不必付钱，比如公益广告宣传使用的是免费的时段和版面。

第二，广告有特定的可识别的出资人。

广告要表明其出资人，否则广告主不会花钱做广告。广告必须要有明确的广告主，也称广告客户。在《中华人民共和国广告法》中，在界定"广告"这个含义时，明确加进了"以广告主的名义"这个概念。《广告法》所称的广告主，是指为推销商品或者提供服务，自行或者委托他人设计、制作、发布广告的法人，其他经济组织或者个人。

广告明确出资人目的是使广告接受者了解广告的信息来源，这样既可以让广告主对其发出的信息负责，又可以使消费者放心购买广告的商品。

第三，广告经由各种媒介进行传播。

媒介是向目标受众表现广告内容的有偿途径，因此会出现广播广告、电视广告、报纸广告、网络广告等。口头传播也是一种传播途径，但并不是一种广告媒介，关于口碑传播我们将在后面的内容中进行详细介绍。

过去，广告主利用传统的大众媒介——广播、电视、报纸、杂志来传递他们的讯息，今天，他们可以通过各种可寻址媒介（如直邮）和互联网新媒体有效地到达受众。除此之外，广告主还利用大量的非传统媒介来进行信息传播，如购物推车、充气模和交通工具等空间媒体。媒介空间和时间的策划、排期以及购买对广告效果都有着极为重要的意义。传播媒介的内容在后面的章节中会做较详细的讲解（图4-2）。

图4-2 媒介创意广告

第四，广告是非个人化的大众沟通形式，广告针对的是群体而非个体。

广告信息经由各种媒介传达给大批受众，它是一种非个人化的大众沟通形式。理想情况下，每个制造商和消费者都能进行一对一的交谈，就产品或服务的有关信息进行沟通。人员推销就是典型的一对一的方法，但是费用却很高，如今有很多特定的行业依然采用人员推销的方式进行产品推广和销售。

广告主可以通过网络互动技术来提供更多定制服务，但它与面对面和每位消费者讨论产品或服务不同，其关键在于互动广告与传统广告类似，其每一次的传播活动都是面对一批受众。

广告是大众化的传播，广告借助传播媒介与目标公众沟通，形成自己独特的说服规律，这些受众可能是消费者，也可能是拥有和经营这些购物场所，并直接从生产企业购买产品再转手销售的中间商。

第五，大多数广告都会力图劝服人——说服某人使用或接受某一产品、服务或观念。

广告不单是对产品的宣传，还包括服务和观念。最常见的广告宣传对象是有形产品，如汽车、食品、饮料、家庭日用品等，也包括银行、美容院、医院、家政、航空公司、旅行目的地等无形服务，还有越来越多的人或者组织利用广告来宣传各种各样的观点。通常我们会将广告的宣传对象统称为产品，在这里产品包含了有形产品、服务以及观念。

另外值得一提的是，随着文化产业的发展，文化娱乐类产品及广告也蓬勃发展，如电影、戏剧、音乐等演出广告，以及体育、竞技、展览等方面的广告，这一类产品及广告形式也不容忽略。

第六，大多数广告都在极力说服或影响消费者。

绝大部分的广告都在极力说服或影响消费者去做些什么，说服他们接受和使用自身品牌的产品、服务或观念，或者说服他们改变对产品及品牌的态度和认知。

2. 广告及广告活动的定义

综合上述几个特征，我们将广告定义为：广告是一种由可识别的出资人通过媒介进行的非个人化的有偿信息传播形式，广告向某类受众传达有关产品的信息以达成说服或影响的目的。

从深层次去理解的话，消费者日常生活中见到或者听到的广告内容，只是广告的表象而不是广告的全部。广告表面的展示与背后的制作情况远远比消费者能接触到的要复杂得多。广告中有更多的内容是消费者看不到的、听不到的。消费者平时看到的、听到的，仅仅是广告作品，是广告的表面内容，对广告的准确说法应该是"广告活动"。

广告是一种动态的存在，而不仅是静止的展示。广告作品是一种静止的展示，如一幅报纸广告、一块路牌广告、一张招贴广告，或者是一则30秒的电视短片，但广告活动是一种过程。

有人将"广告活动"形象地比喻成一座漂浮在大海中的冰山，这个比喻一方面表明广告是时刻都在运动着的，也表明冰山中露出水面的那一部分，是人们能够看得见的部分，就好像是广告作品，但是沉没在水中的部分才是冰山的决定部分，它占的比例比露出水面的部分大得多，一般人是看不见的。露出水面的这部分冰山能够在大海上漂浮多久以及会漂向何方，在很大程度上取决于海水中未露出水面的那一部分。由此可见，广告作品是不是成功，往往取决于消费者看不见的那部分内容。

只有树立了"广告活动"动态的、过程的概念，才能由表及里准确地把握广告的本质含义，有效地运用和控制广告。

广告主根据自己的营销需求提出广告目的或目标之后，广告代理公司会同广告主及有关部门决定达成这一目标的最佳方法，在此基础上将形成广告的运作阶段、手法及执行措施，并把以上这些努力与企业的其他营销战略相结合，最后才是对广告活动的具体执行。这个过程就是广告活动。简而言之，广告活动就是制定广告目的、发展广告策略，然后在市场上执行这些策略的过程。

二、广告的类型

现代广告种类和方式繁多，广告的分类方法也多种多样，依据不同的分类方法对广告进行梳理，能帮助我们更清楚地认识广告。

首先，按照广告的受众对象，可以将广告划分为消费者广告和企业广告。我们日常通过电视、广播、报纸和杂志等传统大众媒体以及网络新媒体所见的大部分广告都属于消费者广告，这类广告一般主要针对消费者——那些购买产品自用或供他人使用的人。企业广告的目标受众是零售商、批发商和分销商等组织或机构，此类广告多刊登在商业出版物或专业刊物上。

其次，按照广告覆盖的地理区域划分，可以分为地方性广告、区域性广告、全国性广告和国际广告。地方性广告的消费者来自某一城市或当地销售半径内；区域性广告是只在某一区域而非全国范围内销售的产品的广告；全国性广告针对全国多个地区的消费者；国际广告通常指针对国外市场的广告，但有时也指涵盖国内和国外市场的广告。

按照广告目的，可将广告划分为促进产品或服务销售的产品广告，与提升某一机构的责任感或理念的企业形象广告；具有营利目的的商业广告，与由慈善机构或非营利机构、市政机构、宗教团体或政治组织出资制作的非商业广告。

最后，最常见的一种分类方式是按照传播媒介来划分，可将广告分为传统大众媒体广告、网络新媒体广告、户外广告、售点广告，等等，如果将其中某一大类进行细分，还可以分出许多小类，如传统大众媒体广告还可以分出报纸广告、杂志广告、电视广告、广播广告、电影广告等，网络新媒体广告可分为电子邮件、网幅广告、文本链接、插播广告、视频广告等很多的广告形式。随着新的媒介形式出现，这样的分类便永无休止，但它却为广告人员选择和运用广告媒介提供了价值。

三、广告的作用与目标

我们可以从经济和社会两个层面来理解广告的作用。

从经济层面来讲，在一个供大于求的经济状态中，广告有两个作用：一是不断告诉消费者他们有多种选择；二是为企业更有效地争取消费者的金钱创造机会。

广告能刺激竞争，当消费者有更多可支配的收入时，广告还可能引发产品创新。不过，任何广告也不可能让消费者长期接受那些无法满足自己需求的产品。因此，虽然投入了高额的广告费用，仍然不断有品牌从市场上逐渐消失。

广告也可以培养更具经济头脑的消费者，他们受过良好的教育、信息渠道丰富。消费者要求企业对自己的广告承担责任，这也导致对广告更高的要求。

广告也起着一定的社会作用。它告诉人们新产品和改良产品的信息，教会人们如何使用这些新产品。它帮助人们比较不同的产品及其特性，使消费者有更充分的信息用以进行购买决策，它反映了时尚和设计的发展趋势，影响着人们的审美观念。

同时，广告也帮助构筑社会文化和价值观。广告中描述的理想生活方式，成为普通民众追求的目标，广告中阐述的品牌理念及价值观也影响着人们的价值判断。经过媒介渠道大规模的、重复的展露，广告成为媒介内容的重要组成部分，对社会文化的构建产生重要影响。

每个广告都要尽力完成其特定的广告目标，作为品牌整合营销传播的重要组成部分，单个广告活动的目标也体现为告知、说服和提醒这三个方面（表4-1）。

表4-1 可能的广告目标

告知性广告	
沟通顾客价值	建议产品的新用途
建立品牌和企业形象	通知市场价格变动
告知市场有新产品出现	描述所能提供的服务
介绍产品功能	更正错误的印象
说服性广告	
树立品牌偏好	劝说顾客立即购买
鼓励消费者改用本公司品牌	劝说顾客接受推销访问
改变顾客对产品价值的感知	说服顾客向他人介绍本公司品牌
提醒性广告	
维持顾客关系	提醒顾客购买的地点
提醒顾客可能不久会用到此产品	在产品的淡季使顾客仍记得该品牌

四、广告的参与者

在广告活动的开展过程中有五个重要的参与者，它们分别扮演了不同的角色。

- 广告主（The advertiser）
- 广告代理（the advertising agency）
- 媒介（the media）
- 下游公司（the suppliers）
- 目标受众（the audience）

广告起始于广告主，广告主又叫广告客户，是广告行为的发起者和广告信息内容的来源。广告主大小不一，从跨国公司到小型独立店铺，种类也不相同，从服务机构到产业公司、慈善机构，直至社团组织。

协助广告主的是第二位参与者——广告公司，也称广告代理。广告公司是广告市场最活跃的主体，通过代理制，广告公司在广告市场上发挥主导作用。广告公司为客户的广告活动进行策划和创作。成功的广告代理都拥有许多富有战略眼光和创造性的专家，能出色地完成任务。

媒介提供广告时间、版面和空间，向目标受众传递广告信息。

广告下游公司包括摄影室、图片社、印刷厂、数字处理公司、录影制作机构、互联网设计师等所有协助广告主和广告公司准备广告材料的公司，还包括咨询公司、调研公司以及其他专业服务公司。

最后一个参与者是目标受众。所有的策略都始于消费者，他们是可能购买或使用产品的人。然而，就像前面我们介绍的那样，除了消费者和潜在消费者，如今品牌也意识到还有许多利益相关人也会影响品牌的发展，也有针对利益相关人而专门发起的广告活动。广告主和广告代理必须尽可能地了解不同的目标受众。

第二节 促销传播

案例：2014年9月24日，麦当劳推出樱花口味圆筒冰淇淋，并且与百度地图独家合作，通过"樱花甜筒跑酷0元抢"活动，在全国135个城市的近千家麦当劳甜品站，以新潮互动的方式送出100万份免费甜筒。

麦当劳中国有限公司市场部副总裁、首席市场官须聪女士认为，麦当劳的数字愿景是为顾客带来综合生活便利与趣味性的全新体验。一般来说，"线下"是麦当劳的明显特征，顾客对于麦当劳的小食、甜品、饮料等产品的购买源于突发性需求。百度地图通过定制O2O营销方案，使消费者有了更多线上的、可移动化的接触点，这种促销方式不仅能以最快的速度把新品和促销信息传递到消费者面前，还能以极高的便利性和趣味性增加消费者对品牌和产品的好感度。

如此独特美味的甜筒冰淇淋如何获取？百度地图首次尝试基于用户位置进行定制化推送。活动期间，当消费者身处距离麦当劳甜品站3公里的范围内时，根据消费者的属性进行识别，部分消费者手机上会收到关于活动的推送信息，点击即可参与活动。

进入活动页面后，基于用户的地理位置计算最近甜品站的距离，并自动匹配时间，用户只要在规定时间内抵达最近的麦当劳门店，就可以免费享用一个樱花甜筒。用户在跑酷的过程中，手机页面上的樱花甜筒会不断融化，如果用户抵达门店之前冰淇淋已经完全融化，就只能再次参加活动了（图4-3）。

图4-3 "樱花甜筒跑酷0元抢"活动应用界面

从麦当劳提供的数据来看，这个仅开展了10天的促销活动获得了超过2000万的页面访问量，50多万次分享，在社交媒体上获得了近7000万的阅读量，并登上了新浪微博的搜索热门排行榜。

一、促销传播的概念

促销也叫作销售促进（Sales Promotion，简称SP），是指为鼓励产品和服务的销售而进行的短期激励。促销意在改变消费者购买产品的品牌选择、数量及时间等，因此，促销传播可能降低品牌忠诚度、增加品牌转换率，使消费者对品牌质量的感知下降，对价格的敏感性增加。

激烈的市场竞争迫使许多企业都纷纷采取各种促销方式向消费者传递产品或品牌信息，以求刺激销量的增长。总体来看，促销之所以能发挥作用，在于其"实惠的稀有"这一特性，因此企业常常在一些特殊情况下才会采取促销传播的方式，这些特殊情况包括：引入新产品时，为了缩短产品入市的进程，激励消费者初次尝试购买，使消费者尽快地了解产品；激励使用者增加购买频次或者购买数量；破除消费群对竞争性产品的购买习惯及品牌忠诚，抢占竞争对手的市场；在特殊的节庆时间酬谢顾客，以增加与顾客之间的感情联系；通过大规模促销来尽快清除库存产品。

促销虽然是销售刺激行为，但本质上也是一种与消费者之间的沟通行为，其实施过程也是以信息传播为前提的。

二、常见的促销传播方式

在实践中常见的促销传播方式包括以下几种：惠赠促销、折扣促销、竞赛促销、活动促销、双赢促销、样品试用促销等。

1. 惠赠促销

惠赠促销是指对目标消费者在购买产品时给予一种优惠待遇的促销手段，惠赠又包括买赠、换赠、退赠。

买赠即购买获赠。只要顾客购买某一产品，即可获得一定数量的赠品。最常用的买赠方式如买一赠一、买五赠二等。

换赠即购买补偿获赠。只要顾客购买某一产品，并再略做一些补偿，即可再换取到其他产品。如花一点钱以旧换新，再加一元送某其他产品，再花十元买另一个等。

退赠即购买达标退利获赠。只要顾客购买达到一定数量，即可获得返利或赠品。如购买到十个商品时，免赠一个商品，当消费三次以上时退还一次的价款等。

2. 折价促销

折价促销是指在目标顾客购买产品时，给予不同形式的价格折扣的促销手段。折价促销又包括折价优惠券、折价优惠卡、现价折扣、低价经营。

折价优惠券，通称优惠券，是一种古老而风行的促销方式。优惠券上一般印有产品的原价、折价比例、购买数量及有效时间，顾客可以凭券购买并获得实惠。

折价优惠卡，即一种长期有效的优惠凭证。它一般以会员卡和消费卡两种形式存在，凭借优惠卡能与目标顾客保持一种比较长久的消费关系。

现价折扣，即在现行价格基础上打折销售。这是一种最常见且行之有效的促销手段。它可以让顾客现场获得看得见的利益，销售者也会获得满意的目标利润。

现价折扣虽然是很常见的促销方式，但如果精心策划也能取得很好的效果。某服装品牌推出"打1折"的促销活动，大幅度的折扣非常吸引人，很多顾客抱着猎奇的心态蜂拥而至。然而这种"打1折"并非人们通常理解的所有货品都打1折，其具体操作是，先定出打折销售的时间，第一天打9折，第二天打8折，第三天打7折，依次类推，直到最后一天打1折。从逻辑上来说，顾客可以将看中的东西留到最后两天再买，但是很多顾客害怕心仪的东西会被别人提前抢走了，因此通常不会等到最后两天，很多商品在打5折、6折时就已经全部推销出去，"打1折"是商家运用的促销创意。

低价经营，是指产品以低于市场通行价格水平来销售。低价经营属于一种销售战略，其整体价格水平在长期内均需低于其他经营者。从长远上看，低价经营虽是局部微利，但这一促销策略可以强力地吸引消费群，并达到整体盈利的目的。许多超市型的销售终端如家乐福、沃尔玛、迪卡侬等通常会采取低价经营的策略。

3. 竞赛促销

竞赛促销是指利用人们的好胜和好奇心理，通过举办趣味性和智力性竞赛，吸引目标消费者关注和参与的一种促销手段。竞赛促销包括征集与答奖竞赛、竞猜比赛、优胜选拔比赛、印花积点竞赛。

征集与答奖竞赛，即竞赛的发动者通过征集活动或有奖问答活动吸引消费者参与。最终竞赛的成功获得者必是在比赛中的佼佼者，企业常见的征集与答奖竞赛有广告语征集、商标设计征集等。

竞猜比赛，即竞赛的发动者通过举办对某一结局的竞猜以吸引顾客参与的一种促销方式。如猜谜、体育获胜竞猜、自然现象竞猜等。

优胜选拔比赛，即竞赛的发动者通过举办某一形式的比赛，吸引爱好者参与，最后选拔出优胜者的促销方式。如选美比赛、健美大赛、选星大赛、形象代言人选拔赛等。

印花积点竞赛，即竞赛的发动者指定在某一时间内，目标消费者会通过收集产品印花，在达到一定数量时可兑换赠品的促销方式。印花积点是一种古老而具影响力的促销术，只要顾客握有一定量的凭证（即印花：商标、标贴、瓶盖、印券、票证、包装物等），即可依印花量多少领取不同的赠品或奖赏。比如统一和康师傅等企业经常会针对旗下的饮料品牌采取"揭盖有奖""再来一瓶"等促销沟通方式。

4. 活动促销

活动促销是指通过举办与产品销售有关的活动,来吸引消费者注意与参与的促销手段,包括新闻发布会、商品展示会、娱乐与游戏活动。

新闻发布会,即活动举办者以召开新闻发布的方式来达到促销目的,这种方式十分普遍,它是利用媒体向目标消费者发布消息,告知商品信息以吸引消费者积极消费。

商品展示会,即活动举办者通过参加展销会、订货会或自己召开产品演示会等方式来达到促销目的。这种方式可以定期举行,不但可以实现促销目的,还可以沟通销售网络、宣传产品。

抽奖与摸奖,即消费者在购买商品或消费时,给予若干次奖励机会的促销方式。

娱乐与游戏,即通过举办娱乐活动或游戏,以趣味性和娱乐性吸引消费者以达到促销的目的。娱乐游戏促销,需要组织者精心设计,不能使活动脱离促销主题。

早在2011年智能手机还没有广泛运用的时候,耐克就通过电话亭"签到"的方式玩了一把地理定义的游戏,举办了一次成功的耐克伦敦城竞跑,该游戏将伦敦变成了一个竞技场所。在这个游戏中,首先用户登录NikeGrid.com活动网站,注册账户获取参赛号码,该号码类似运动员编号,在官网上面会以地图的形式显示伦敦城所有的电话亭,每个电话亭都代表伦敦城里一个特定的区域,用户需要组队或是个人参赛,在活动时间内跑到某个电话亭然后拨打特定的号码输入参赛编号"签到",则代表那个区域被占领,参赛者同时获得分数,活动设置了速度奖、点数奖(签到的电话亭数量最多)、距离奖、团体奖等多个奖项。参赛选手的实时数据也通过官网、Facebook官方主页、户外广告牌的形式进行展播,一方面,让参赛运动员及时了解赛况;另一方面,也扩大了活动宣传的覆盖面。

5. 双赢促销

双赢促销是指两个以上市场主体通过联合促销方式达到共同获益的促销手段。换言之,两个以上的品牌为了共同谋利而联合举办的促销,即为双赢促销。

双赢促销成功的根本是互补性、互利性与统一性。本节内容开始时介绍的"樱花甜筒跑酷0元抢"活动,就是麦当劳与百度两大品牌之间的联合促销,活动取得了良好的效果。

联合促销是企业日常营销传播活动中常用的手段,比如服装业的快时尚品牌H&M自2004年开始至今，每年都会与一些大牌设计师推出联名系列的限量款服装，并举行大规模的传播推广活动。设计师品牌本身具有小众化特征，他们希望通过大众化的品牌推广来扩大自己的品牌认知；H&M是平价品牌，其目标消费者通常是一些追求时尚但没有足够的钱购买高级时装的年轻人，与高端时装品牌设计师合作，能提升H&M的品牌形象，也能引起人们的关注并引发话题讨论，从而获得商业上的成功。麦当劳与动感地带也开展了成功的双赢促销，动感地带是中国移动针对年轻一族推出的品牌，其品牌口号是"我的地盘听我的"，麦当劳也希望将目标消费群体从母亲和孩子转移到更有消费能力的年轻人，两者相结合推出了麦当劳"动感套餐"，以及动感M值兑换麦当劳美食等促销活动，两个品牌充分发挥各自的优势有效地吸引了年轻消费群体。

第三节 事件营销

一、事件营销的定义与特点

1. 事件营销的定义

事件营销是由英文Event Marketing翻译而来，有时也称为"活动营销"，是指企业通过策划、组织有传播价值的事件，使事件新闻化、社会化、热点化，以引起媒体的自发报道从而达到传播企业和品牌信息的目的。事件营销可以引起公众的注意，并由此调动目标消费者对事件中关系到的产品或服务的兴趣。如果制造出的事件能够引起社会的广泛争议，那么事件营销就会取得圆满结果。

中国营销学者李光斗认为，事件要具有新闻性并被广泛传播，取决于两点：一是在多大程度上及以怎样的方式与公众的利益相关联；二是能否满足人们的感官需要。公众利益既包括经济利益，也包括安全、公正、道德、荣誉、审美等社会价值利益。感官需求则是指人们对事物的好奇、趣味等心理满足。

2. 事件营销的特点

事件营销具有以下几个特点：

第一，目的性。事件营销应该有明确的目的，目的能为行动提供方向和力量。事件营销策划的第一步就是要确定自己的目的，然后明确通过怎样的新闻事件可以让营销沟通达到目的。这一点与广告的目的性是完全一致的，但事件营销策划与广告策划的区别在于，广告往往是艺术地、直接地、明显地宣传自己，而事件营销策划，则是策划人员或媒体记者站在第三者的立场上用新闻事实说话，或者用公益活动感召消费者，让公众、消费者自己在企业的引导下发出声音。事件与广告比较，最大的好处是容易拉近与消费者的距离，可信度较高，感召力强，容易产生轰动效应。

第二，风险性。事件营销的风险来自媒体的不可控制性和受众对新闻事件的理解程度。可以说事件营销本身是一把"双刃剑"，它虽然可以通过短、平、快的方式为企业带来巨大的关注度，但也可能起到相反的作用，那就是知名度扩大了，美誉度却降低了。特别是在网络时代，消费者可以运用网络与其他消费者分享自己的品牌体验，有些时候具有消极和负面意义的分享会对品牌造成伤害。

第三，低成本。事件营销一般主要通过软文形式来表现，所以相对于大众媒体广告来说成本要低得多。事件营销通常利用现有的非常完善的新闻制造流程和媒介渠道来实现传播目的，从严格意义上来讲，一件新闻意义足够大的事件应该能充分引起新闻媒体的主动关注和跟踪报道。

二、事件营销的种类

事件营销中的事件题材多种多样，集合新闻效应、广告效应、公共关系、形象传播、客户关系于一体来进行营销策划，多样性的事件营销已成为营销传播过程中的一把利器。这里我们主要依据事件的来源方式和引起受众注意的方法，将事件营销分为借势营销和造势营销两种。

1. 借势营销

借势营销是指当社会上发生一些重大新闻事件时，企业凭借自身产品与事件的关联性，以新闻为契机，借助媒介强大的宣传攻势，展开企业及产品的传播，使受众在关注新闻事件的同时，也记住与之相关联的企业或产品品牌，因此，借势营销有时候也会被形象地称为"搭车营销"。

在事件营销中，借势营销是较为常用的策略。然而，在选取重大事件作为事件营销的由头时也要特别注意策略。首先，要在品牌与事件之间找到契合点，能使事件与产品的目标消费者有所关联，让消费者接受信息时觉得理所当然；其次，要求企业必须有最快的反应速度，通常在新闻事件发生的第一时间，受众注意力最集中，若在此时巧妙借势才能取得最好的效果，如果新闻事件已经发生较长时间再做借势营销的话，便很难激发消费者的兴趣。

除此之外,借势营销要取得好的效果,还必须遵循可控性和系统性原则。可控性是指在借势过程中,要使事件的发展态势处于企业可控制的范围内,否则有可能达不到预期的效果,甚至产生负面效应。可控性要求企业对事件的影响因素和发展趋势进行深入洞察和准确分析,同时有良好的应变能力。系统性要求企业在借助外部热点话题时,必须策划和实施一系列相关的推广活动,整合多种传播手段和传播媒介,以统一的、系统化的信息策略引导受众对事件营销的认知和理解,从而达到理想的传播效果。

2008年5月18日,在中央电视台《爱的奉献》大型募捐活动中,生产红罐王老吉的加多宝集团为四川地震灾区捐款1亿元,创下国内单笔最高的捐款额度。5月19日晚,天涯论坛上出现了名为《让王老吉从中国的货架上消失,封杀它!》的帖子,帖子称:"作为中国民营企业的王老吉,一下就捐款1个亿,真的太狠了,网友一致认为不能再让王老吉的凉茶出现在超市的货架上,见一罐买一罐,坚决买空王老吉的凉茶,今年爸妈不收礼,收礼就收王老吉!支持国货,以后我就喝王老吉了,让王老吉的凉茶不够卖!让他们着急去吧!"这篇文章首次出现在天涯论坛就获得了极高的点击率,而后又被网友们疯狂转载,迅速在网络里扩散,成为民众热议的话题。

在此次事件之前王老吉的销量很一般,虽然很多人知道这个牌子,但是从来没有喝过。在该事件之后,人们不但知道这个牌子,一段时间里还点名就要王老吉,上海、北京、广东等地区,红色罐装王老吉销量在几天内就翻了倍,在许多城市都出现了断货的情况,该事件营销令王老吉在品牌口碑和产品销量两个层面都取得了成功。

这就是典型的借势营销。2008年发生的四川大地震震惊全世界,中国几乎全体民众都对该事件投入了极大的关注。王老吉在地震发生后,借助中央电视台大型募捐活动大手笔捐出巨款,并利用当时人们热衷于比较各企业捐款数额的舆论背景,通过一个"封杀王老吉"的口号,把"1个亿"吸引到的公众目光转移到企业自身,突出王老吉的企业品牌,在加速话题的扩散的同时,争取到网民对自己的支持,提高事件的网络口碑指数。同时,在网络传播中利用"让王老吉从货架上消失,封杀它!""封杀王老吉""够狠"等带有负面字眼的标题正话反说吸引关注,将网民的好感直接引导为实际购买行动,可见整个事件营销的成功离不开背后缜密的前期策划和强大的执行力。

2. 造势营销

借势营销是借助和搭载已有的社会新闻事件来达到营销传播的目的，而造势营销是指企业想办法制造新闻事件以引起关注，因此，造势营销也被形象地称为"自驾营销"。

因为造势营销的事件是企业自己策划发起的，因此企业也需要考虑事件本身的新闻价值，新闻价值越大，越能吸引受众注意。想要让策划的事件有更高的新闻价值，通常需要事件具备重要性、接近性、显著性和趣味性等特征中的一个，具备的特征越多成功的几率越大。

重要性是指事件内容的重要程度，即对社会和民众产生影响的程度；接近性是指在心理或利益等方面与受众有相关性，通常越是与自己生活有关联的事件，越能引起人们的关注；显著性是指事件中的人物、地点和事实的知名程度，知名度越高新闻价值越高，这也是为什么企业喜欢找名人代言的原因；趣味性是指新奇的、能使人感到愉快并产生兴趣的特性，每一天都有很多事件发生，但不可能每一件事都成为热点，从一般心理学角度来说，事件具有一定的可观性和趣味性，就适合作为事件营销的素材。

2010年伊始，团购网站风生水起，团购在消费者生活中无孔不入。沙发可以团购，衣服可以团购，零食可以团购，但消费者从来没有听说过汽车也能从网上团购。在这一年，淘宝聚划算团购平台却上演了一场汽车团购秀，主角就是"全球最小的汽车"——奔驰smart。原价17.6万元的奔驰smart，团购价格只需要13.5万元，这样极具诱惑力的价格让消费者觉得十分惊喜，纷纷奔走相告。

9月9日上午10点，淘宝聚划算上的奔驰团购如期开团，在众多网友的关注下，出售件数直线攀升，24秒售出第一辆，3分钟售出39辆，37分钟99辆，1个小时116辆，2个小时143辆……3个小时28分的时候，最后一辆车被买家拍走。原本计划持续21天的团购活动，竟然3个多小时就销售一空。针对此次事件，奔驰方面表示："奔驰smart是都市潮流的引领者、创意生活的代言，淘宝网上聚集了庞大的年轻时尚用户，奔驰希望以最时尚最有趣的方式走入车迷生活，因此选择了团购活动，也由此开创了别具一格的汽车销售方式。"

虽然在活动中奔驰smart的销售数量非常有限，但其策划的"团购汽车"事件本身却因其相关性、新颖性和趣味性吸引了众多网友参与和关注，引发了广泛的讨论。在最短的时间内使得事件信息在最大程度上实现口口相传，可以说这才是奔驰策划此次活动想要达到的真正目标。

第四节 赞助传播

案例：

可口可乐是世界上最先把赞助当作企业营销传播工具来看待和运作的企业之一。通过多年实践，可口可乐充分意识到企业传播沟通的最终目标应该是通过别出心裁、引人入胜的诉求，让更多的人接触、理解、认同企业并购买产品，直至长期坚持下去成为忠诚顾客。要达成此目标仅仅依靠传统的传播手段已经远远不够，必须建立一种能够置身于公众中和沟通对象直接对话的机制和通道，最有效的办法就是赞助，特别是以赞助为龙头，联合广告、促销和公关等其他传统沟通手段，形成优势互补、相得益彰的传播效果。

在诸多的赞助种类中，可口可乐特别看中体育赞助和音乐赞助，其中又把体育赞助放在首位，奋斗目标是"哪里有体育，哪里就有可口可乐"。

从1907年赞助美国棒球比赛开始，可口可乐赞助体育至今已有100多年的历史，对体育的赞助已经成为可口可乐品牌传统中最重要的部分。1928年，1000箱可口可乐和参加第九届奥运会的美国代表团一道运抵阿姆斯特丹，揭开了可口可乐赞助奥运会的历史篇章。从那时起，可口可乐就和奥运会结下了不解之缘。从1985年国际奥委会实施第一轮四年一度的常年合作伙伴赞助计划开始，可口可乐就一直是这一计划的核心成员。此后每一届奥运会上，人们都可以看到可口可乐的身影，它以不同的方式参与到奥运会的赞助活动中（图4-4）。

图4-4 可口可乐赞助2008年北京奥运

在其赞助生涯中，可口可乐也像奥运健将一样，一次次地创造了体育赞助史上的诸多第一。这些赞助活动不仅为可口可乐带来上百亿元的无形资产，同时也使其成为奥运会上颇受尊敬的赞助商。历届的国际奥委会高层对可口可乐的赞助都给予了很高的评价，认为可口乐不仅仅是奥运会的赞助商，更是奥运会亲密的合作伙伴。

从理念上看，可口可乐"乐观奔放、积极向上、勇于面对困难"的品牌核心价值与奥林匹克运动所传达的积极进取、追求公平公正的人类梦想十分吻合；从商业角度来看，奥运会是全球关注人数最多的大聚会，它所吸引的关注者也最多，通过奥运会赞助商的角色，可口可乐和消费者紧紧联系在一起。

一、赞助的概念

赞助（Sponsorship）是指向某一资产付出一定数额的现金或实物，作为获准与该资产合作参与商务开发的回报。这里的资产指的体育活动、娱乐活动、非营利活动或是某一组织机构等，赞助的方式既可以使用现金，也可以以货代款，即使用捐赠物品或者服务的形式代替现金。企业可以通过支付一笔费用或提供物品来赞助某个广播节目、电影或电视节目，也可以冠名赞助自行车赛、艺术展览会、室内音乐节、展览交易会或者奥运会等。

有些赞助活动的目的是为了创造知名度，有些则是借与重大事件挂钩的方式改善公共关系，还有一些是为了直接提高企业的经济效益，由此可见，赞助融合了销售推广和公共关系两个方面的特点。但需要注意的是，虽然赞助对象有时候是非营利的活动或者机构，但赞助本身并不等同于慈善行为，慈善行为不带有任何商业动机，但赞助通常是为了达到预定的商业目的。

如今，赞助已经成为一种发展速度最快的营销传播方式，有些企业每年花在赞助上的费用已经达到数亿元。赞助最初发源于烟草公司和烈酒生产厂家，因为许多国家都严令禁止烟草和烈酒企业发布大众媒体广告，因此这类公司会选择赞助作为传播沟通工具。后来随着传统广告媒介费用的节节攀升，媒介受众细分化，以及休闲活动的日益多样化，烟草和烈酒品牌在赞助上所取得的成功被越来越多的消费品企业效仿。

二、赞助的优缺点

首先，社会公众对赞助有更高的认可度，这是赞助的优势之一。许多人认为企业赞助是体育事业资金的重要来源，另有许多人认为赞助能为举办活动的城市带来好处。2008年北京奥运会被认为是目前为止赞助水平最高的奥运会，包括12家国际奥组委长期合作伙伴在内，一共有62家中外企业以不同身份参与赞助。据媒体咨询公司估算，2008年中国所有品牌传播的投资同比增长19%，达543亿美元，其中奥运效应增加了86亿美元的额外宣传支出，仅奥运赞助商的支出就达到218亿元人民币。在对北京奥运的赞助活动中，可口可乐一直致力延续和扩大北京的奥运气氛，曾有一位网友在博客中写道："一路上都是可口可乐新的户外广告，感觉整个北京的奥运气氛随着可乐瓶的喷发而被调动起来了。"赞助活动有力地支持了奥运的开展，也为奥运举办城市注入了活力。

其次，与其他营销传播工具相比，赞助能更有效地让消费者参与品牌。通过赞助全国青少年三人篮球赛，广大的中国青少年感觉在成长和追求梦想的过程中，总有肯德基的陪伴。因为活动或特别事件本身对参与者有高度的选择性，例如，某项体育活动，其参与者或关注者通常是该类别的体育专业人士或爱好者，因此，品牌需要选择最适合自己的事件进行赞助才能获得更好的效果，如果仅仅只是因为某事件或活动受众面广就去赞助，结果可能会不尽如人意。

赞助另外一个非常明显的好处是，通过与某个恰当的事件或活动产生联系，能有效提高品牌形象或商品的竞争地位，并迅速将消费者对活动的忠诚转换为购买力量，可以说赞助的效率非常高。

1985年，维萨卡与万事达卡曾被视为完全相同的产品，且同时都面临着来自美国运通卡的强势竞争。在此情况下，维萨卡开始了创建独特品牌形象的传播历程，它赞助了一系列知名的活动，包括体育比赛、巡回音乐会等，通过相关赞助条例的规定，在这些场合中美国运通卡都无法使用。从1988年起，奥运会也成为维萨卡最大的赞助对象，对奥运会的参与有助于加强其高质量、全球性产品和服务的品牌定位。为支持奥运会，维萨卡规定持卡者交易的一部分被作为维萨卡对一些国家奥运队的捐赠，并且还向某些奥运会运动员和团队提供直接的经济援助。

这些赞助及其相关传播活动产生了巨大的作用。到2004年雅典奥运会，维萨卡作为赞助商的消费者认知度达到了87%，居所有赞助商之首。更重要的是，人们认为维萨卡已被广泛接受，因此在家庭购物、个人旅游、娱乐，甚至是以前美国运通卡的强项——国际旅游方面，人们都会首选维萨卡。

当然，赞助也有一些不可避免的缺陷。首先，由于采取赞助手段的商家越来越多，而优质的活动或事件数量相对有限，这决定了其费用也越来越高，尤其是在做独家赞助的时候，所以大多数企业都会以联合赞助的方式来参与赞助以达到费用分摊。但联合赞助也会带来另外一个弊端，那就是在一个事件中，赞助商太多，甚至有时候出现多个同类产品的赞助商，令消费者很难分清彼此。2008年北京奥运会赞助商中，啤酒类品牌有青岛啤酒、燕京啤酒、百威啤酒，在如此这般激烈的竞争中，各品牌的信息很难脱颖而出。

三、赞助的类别

国际事件集团网络（简称IEG）将大多数的赞助活动分为以下五大类：体育、娱乐、节庆与展览活动、公益慈善事业和艺术。

1. 体育赞助

体育之所以成为赞助中最主要的类别，是因为首先体育活动具有全民性和世界性，而且永远是朝阳产业，体育赞助具有重大的、永久性的战略意义。同时，体育活动贴近人们的日常生活，适合开展各种生活方式类的创意，从而使赞助的品牌在体育、产品和公众之间建立一种直接的、有机的联系。此外，体育活动的内涵特征是活力、生活愉快、青春和力量等，这些特征都非常积极，对于商家来说赞助体育活动对于塑造品牌形象是非常稳妥的选择。

为争夺体育赛事的赞助权，品牌巨头们展开了激烈的竞争，耐克与阿迪达斯打得不可开交，可口可乐和百事可乐也你争我夺。阿迪达斯于1970年第一次赞助了世界杯，如今在足球装备市场上阿迪达斯依然占据着近40%的份额。2013年，阿迪达斯与国际足联（简称FIFA）官方完成了续约合同，阿迪达斯将作为FIFA的官方合作伙伴直至2030年。然而，20世纪60年代末，靠跑步起家的美国公司耐克似乎已有后来居上之势，为了推翻阿迪达斯足球皇帝的宝座，耐克曾同意在8年中支付1.2亿美元赞助美国足球，比前一次协议的数额增长了9倍，是阿迪达斯作为赞助商时所付费用的100倍。2013年耐克公司在足球市场的营业额已经达到了20亿美元，约占近30%的市场份额。

正如耐克的行政总裁马克·帕克（Mark Parker）所说："世界杯的能量是惊人的，我们希望用这些能量来影响我们的消费者，提升我们的品牌，最终能确立我们在足球上的领先地位。"

除了这些昂贵的全球化赛事之外，还有一些地方化的体育赛事也值得赞助，并且费用较低，但却可以提供赞助商和赛事选手及参与者之间近距离接触的机会，如赞助一些城市的马拉松比赛。

需要注意的是，在赞助体育赛事及活动时，需要将赞助本身与其他营销传播工具相结合以发挥更有效的传播作用。赞助本身并不能产生多大的传播效果，真正发挥效果的是如何借赞助实施传播活动，这才是赞助价值的精华所在。"要做，更要说"，通过赛事赞助有效地展露品牌和产品信息，是保证赞助获得成功的重要环节，如果没有其他营销传播活动与赞助活动的协同努力，那么花在赞助上的钱有可能变成一种浪费。

2. 娱乐赞助

除体育之外，赞助活动另外一个重要领域是娱乐，包含电影、电视、广播、旅游和探险、音乐会、主题公园等各类活动。例如，迪士尼乐园和迪士尼世界的众多游乐活动便是由通用电气公司、美国电话电报公司等一些大企业赞助。

2015年全球娱乐和媒体产业的产值达到1.9万亿美元，文化娱乐产业是美国的第二大产业，美国的娱乐业每年创造5000亿美元以上的产值。在中国，随着社会和经济发展水平的提高，社会消费层次升级，人们的闲暇时间和可支配收入也不断增加，人们对娱乐的需求也更加旺盛。企业通过赞助各类娱乐活动，可以将品牌与娱乐活动联系起来，为消费者提供独特的体验。如VANS、虎牌啤酒、通用航空、MINI Cooper、ZIPPO、哈雷摩托等国际品牌都曾赞助中国迷笛音乐节，而乐堡啤酒、雷朋、薇婷、豆瓣、耳机品牌Skull candy，以及互联网公司陌陌科技、高德地图等都曾赞助草莓音乐节。

2005年蒙牛乳业赞助湖南卫视的一档娱乐节目"超级女声"，随着"超级女声"迅速席卷全国，蒙牛的产品销售也一路走红。超级女声从海选到决选，连续6个月每个周末的直播，难以计算的重播，使蒙牛声名鹊起，主推的酸酸乳更是热销，销售额同比增长了2.7倍，20%的销售终端甚至出现了供不应求的现象。通过此次赞助活动，蒙牛品牌获得巨大成功,并由此拉开了中国企业娱乐营销的序幕。

另一个成功案例是加多宝赞助"中国好声音"。"中国好声音"自2012年7月开播以来,加多宝都以独家冠名的方式进行赞助,赞助费用也不断增长,由第一季的6000万元、第二季的2亿元再到第三季的2.5亿元逐年攀升。2012年刚刚失去"王老吉"商标之时,加多宝抓住契机,赞助"中国好声音"这一创新性的电视栏目,凭借节目取得的巨大社会反响和关注快速地传播了"加多宝"的知名度,不断在消费者面前强化"加多宝"的品牌认知,配合完善的整合营销传播策略使品牌重新占据了市场领导者地位(图4-5)。

图4-5 加多宝赞助中国好声音

如今,电视娱乐节目越来越受到老百姓的欢迎,节目形式愈发丰富多样,众多品牌的成功经验推动着越来越多的商家寻求与电视娱乐节目的合作,比如收视率极高的浙江卫视综艺娱乐节目《奔跑吧兄弟》,其赞助商包括苏宁易购、华晨宝马BMW X1、安慕希酸奶、锐欧预调鸡尾酒、上汽通用雪佛兰等各大品牌;湖南卫视娱乐节目《爸爸去哪儿》也收获了大批赞助,包括伊利QQ星、金龙鱼、英菲尼迪、天猫、蓝月亮等品牌。

在对娱乐的赞助中,还有一块发展非常迅速的领域,那就是赞助电影和电视剧。赞助商在付出一定的赞助费用或物品之后,在影视剧作品中,将会以片头提名赞助、片尾提名赞助和植入的方式来获得宣传方面的回报。其中植入又包括台词植入、场景植入、道具植入、情节植入等主要方式,将品牌符号融入影视或舞台产品中,以达到潜移默化的传播效果。早期最成功的电影植入案例发生在1982年,美国导演斯皮尔伯格在执导的好莱坞电影《E.T.外星人》中,植入了里斯(Reese's Pieces)巧克力品牌,电影中的小主人公成功地用里斯巧克力豆把外星人吸引到了自己的房间。电影《魔戒》的上映在全球影迷心中掀起一股新西兰旅游热,影迷们都希望亲临《魔戒》拍片现场一探"中土"的真实面貌,现在到新西兰成了全球观光客最热门的选择之一(图4-6)。

3. 节庆与展览活动赞助

在悠久的发展历史中,各个国家和地区形成了各种传统的、民族的、民间的、宗教的、法定的节庆活动,这些活动满足了人们文化、休闲和健康等各类需求,对维系民众的集体记忆,构建地区及国家凝聚力影响甚大。如今,节庆活动的市场化运作也为企业赞助提供了有利的环境。

在我国有青岛国际啤酒节、哈尔滨冰雪节、潍坊国际风筝节、广州国际美食节等多个著名的大型城市节庆活动,这些活动中都可以看到赞助商

图4-6 Reese's Pieces赞助电影《E.T.外星人》

的影子。以每年4月份举办的潍坊国际风筝节为例,许多当地的餐饮和其他老字号品牌都加入赞助行列。

另外,有些大型的贸易展览活动也会吸引大批赞助商和展览商。以2010年上海世博会为例,包括均瑶、腾讯网、华虹、申能集团、CISCO、IBM、伊利在内的56家企业参与了世博会赞助。

4. 公益慈善事业赞助

企业通过出人、出物或出钱的方式来赞助和支持某项社会公益慈善事业,从为公众谋福利出发,赢得公众的理解和支持,树立良好的企业形象,也可以达到促进产品销售的目的。从某种意义上说,赞助公益慈善事业也属于公共关系的一部分。雅诗兰黛集团发起并赞助了全球"粉红丝带"运动,这是一个号召人们关爱乳房,积极防治乳腺癌的公益活动。

另外一个非常重要的公益事业领域是教育。企业赞助教育事业,通过促进教育事业的发展,有利于树立企业组织关心社会发展的良好形象。微软在中国积极推进与教育部门的合作,开展了许多大的公益项目,以"携手助学项目"为例,从2003年起,微软开展每期5年的"助学项目"计划,至2015年已经开展了三期,每一期内容都紧贴中国教育热点政策。2003年第一期,与教育部"平衡教育"政策相结合,支持建立100多所计算机教室,并对教师进行培训;2008年第二期,以中国光纤进农村为契机,使计算机教室得到更大范围的普及;2014年第三期,微软借着互联网的东风,发展创新教育与国际融合,带来更多的国际化教育资源,引入创新型教育的合作项目。

在公益慈善事业赞助方面,同样成功的案例还有三星的"一心一村"

行动。"一心一村"行动是中国三星自2005年以来立足于发展新农村建设而实施的一项社会公益活动，三星在中国的一个公司与附近的一个村庄通过姊妹结缘，由公司定期持续性帮助村子发展，涉及教育支援、基础设施改善、增加农民收入等多个方面，帮助当地农村经济的发展，最终使村庄富裕起来（图4-7）。

图4-7 三星"一心一村"行动

5. 艺术赞助

艺术本身的特质限制了其商业化的发展程度，因此包括交响乐团、乐队、艺术馆、剧院甚至艺术家本身都迫切需要资金支持。一直以来赞助商投资在艺术领域的费用是最少的，这或许和艺术消费的小众化特性有关，但这也意味着文化艺术领域还是一个开发相对较少的领域，这为那些将目标消费者锁定在中产阶级和收入较高人群的商品品牌提供了赞助的良机。

实际情况是，为了吸引这些高端人群，许多品牌都特别设立了赞助行政单位，像"宝马集团文化参与部""绝对艺术事务局""爱彼艺术委员会""大卫杜夫艺术培育计划""瑞银文化基金会""路易威登基金会"，等等。"宝马集团文化参与部"已经有数十年历史，艺术赞助对象从美术馆到爵士、古典音乐演出，其赞助的最新项目"艺术之旅"（The BMW Art Journey），邀请专业人士到香港和迈阿密两地的巴塞尔艺术博览会，两地的博览会各甄选一位新晋艺术家，提供机会让他们到世界旅游，寻找创作灵感，艺术家唯一的任务是将艺术之旅用日记方式记载，让大众可以透过艺术家的观察来看世界。

四、赞助的注意事项

有赞助意向的企业通常可以有以下两种选择：出资成为某一个现有事件的股东，或者像雅诗兰黛创办"粉红丝带"活动一样，自己设立一个事件，在这种情况下企业的赞助活动就演变成为"所有权赞助"，即赞助商拥有并控制整个事件。这种做法的结果是赞助商对事件拥有更多的控制权，成本效益更高，也更有助于企业达到自己的营销目标。

但是对大多数企业来说，出资成为某项现成活动股东的做法更加容易一些，他们既可以作为独家赞助商（如加多宝赞助中国好声音），也可以是众多赞助商中的一家，最重要的是要使事件与自身品牌调性相符，事件所吸引的受众对象也必须与品牌的目标市场有一定程度的吻合，如果公司赞助的歌手在举办音乐会演出时吸引的绝大多数听众是女性，那么只有当主要消费者是女性音乐爱好者时，赞助才能获得最佳效果。

除此之外，企业选择并开展赞助活动时还需要注意以下一些事项：

- 事件必须有足够的知名度和特定的形象；
- 事件能反映甚至加强赞助商的品牌或公司形象；
- 事件能够产生一系列辅助的营销传播战略；
- 在事件中运用横幅、图标等标示自己；
- 运用派送样品、广告、促销、出版物等其他补充手段进行传播推广；
- 赞助事件应该具有提高公司或产品的知名度的价值；
- 能建立或加强消费者的品牌联想；
- 强化或改善公司形象；
- 事件能创造体验，激发感情。

第五节 口碑传播

案例：

星巴克（Starbucks）是美国一家连锁咖啡公司，成立于1971年，为全球最大的咖啡连锁店，总部坐落于美国华盛顿州西雅图市。从西雅图一条小小的"美人鱼"进化到今天全球范围内有近2万间分店的"绿巨人"，星巴克奇迹让世界瞩目。

但这样一个增长势头强劲的公司，却几乎从来不在媒体上做广告，而是以一种特殊的方式来创建品牌，它以消费者口头传播的方式来推动目标顾客群的成长，借助口碑的力量塑造品牌和传播企业的文化内涵。

星巴克的品牌推广活动主要是"熟客俱乐部""咖啡教室""咖啡一刻"这三大块，其中，"熟客俱乐部"是口碑传播的天然集散地。据星巴克大中华区公关部相关负责人介绍，星巴克除了通过电子邮件和手机短信定期向俱乐部会员发送企业新闻外，还会为他们提供各类优惠券，开展有奖征文和免费讲座等活动。每一次讲座、每一篇新闻、每一个活动都可以成为塑造消费者体验的沟通介质，进而引爆口碑。

一直以来星巴克致力于把"合作伙伴"（员工）培养为口碑传播的源头，通过搭建"咖啡教室"这个传播平台，为他们与消费者进行面对面的沟通创造先决条件，使星巴克所要传达的"如果我不在办公室，就在星巴克；如果我不在星巴克，就在去星巴克的路上"的"第三空间"的口碑内涵得以广泛流传（图4-8）。

图4-8 星巴克的口碑传播

此外，星巴克还善于培养和维系牢固的媒体关系，使媒体的权威观点成为口碑传播的重要元素。"咖啡一刻"是星巴克回馈消费者的一项全球性公关活动，星巴克深度挖掘该活动与媒体新闻热点的相关内容，主动向媒体提供新闻线索，积极配合相关采访，通过媒体的广泛报道来扩大活动影响力，达到加速口碑传播的目的。

星巴克公司要求员工都要精通咖啡的知识及制作咖啡饮料的方法。除了为顾客提供优质的服务外，还要向顾客详细介绍这些知识和方法，靠员工向顾客口传身授宣传星巴克品牌的内涵。星巴克还采用不同的方式鼓励消费者之间、消费者与星巴克员工之间进行口头或书面的交流，使他们把拥有"星巴克体验"作为巨大的精神财富。于是，变咖啡店为"咖啡庙宇"，变员工为"牧师"，变顾客为"朝圣者"，星巴克便形成了一种令对手无法摹仿的核心竞争力。

一、口碑传播的定义

营销大师菲利普·科特勒曾指出：现代企业正从传统营销传播向口碑营销传播转变。号称"零号媒介"的口碑传播模式是当今世界最廉价的信息传播工具，也是可信度最高的宣传媒介。调查显示，1个满意的顾客会引发8笔潜在的买卖，其中至少有1笔可以成交；1个不满意的顾客足以影响25个人的购买意愿。另外，有一项研究调查了7000个来自欧洲各国的消费者，其中有60%的人承认他们曾在家人和朋友的影响下尝试购买新的品牌，可见口碑传播对品牌营销的影响力有多么大。在中国市场，由于受传统文化理念的影响，口碑一直被人们所重视，口碑传播在中国市场拥有巨大的发展潜力。

口碑（Word of Mouth）即顾客推荐，来源于传播学。美国密歇根大学的尤金·W.安德森（Eugene W. Anderson）认为，口碑传播是个体之间关于产品和服务看法的非正式传播，包括正面的观点和负面的观点。口碑不能产生于某一次购买或服务，是企业长期努力的结果，良好的口碑是企业长期获得客户的根本保证。

运用口碑传播，可以使产品或服务的相关信息通过公众间非正式的人际传播网络进行扩散，使受众获得信息、改变态度，甚至影响购买行为。口碑可通过以下方式产生：

- 真正喜欢某个品牌的消费者将此品牌推荐给别人；
- 喜欢某个品牌的消费者受某公司的赞助将此品牌推荐给别人，这些人通常被称为意见领袖；
- 公司或者机构员工向别人推荐该品牌。

二、口碑传播的特征

口碑传播属于非正式的人际传播，除了具有双向互动性强、反馈及时等明显的人际传播的特点之外，还具有以下的特点和优势：

1. 传播精准

口碑传播往往借助社会公众之间的人际传播方式进行，在信息传播的过程中，每个人都是信息的发出者，也是信息的接收者，在影响他人的同时，也受到他人的影响。传播者对信息接收者的爱好和需求都很了解，因此可以随时调整信息内容，满足对方需求，增强说服力，提高传播效果。对营销者来说，口碑传播不仅省去了越来越高昂的媒体购买和广告制作费用，而且传播到达率和投资回报率更高，这是广告等大众传播手段无法企及的。

2. 信源的可信度高

口碑的传播者和接收者都是消费者，与服务的提供者没有密切的关系，独立于企业之外，因此口碑传播的信息较其他营销渠道获得的信息如广告、赞助等更客观，可信度也更高，更易得到受众的信任。

3. 传播成本低

口碑传播素有"零号媒介"之称，是目前世界上最古老最廉价的传播媒介，也是最可信的宣传工具，它利用人类传播信息的天性，不需要企业另外付费，因此口碑传播的成本是最低的。品牌一旦形成了好的口碑，消费者就会自行宣传，并且很容易形成稳定的忠实消费群。

4. 有利于增强品牌资产

口碑传播是消费者较高满意度的一个表现，通常当某个消费者愿意向身边的亲朋好友推荐某品牌的产品或服务时，代表此消费者对该品牌非常满意。拥有良好口碑的企业往往是那些被社会公众所拥护和支持的企业，其知名度和美誉度会非常高，这有助于构建企业良好的品牌形象，增强品牌资产，也对产品的销售与推广以及品牌延伸都具有积极的促进作用。

三、互联网时代的口碑传播

互联网的出现为消费者获取商品信息提供了极大的便利。通过互联网，消费者不但可以快速搜索到商家发布的产品信息，还可以方便地获得其他人对产品使用的评价和意见。如今很多消费者在购买产品之前，都会到网上寻找适合个人需要的产品信息，以这些信息为参照来形成自己的购买决策。互联网的发展也使传统面对面、口耳相传的口碑传播模式发生了改变，消费者现在可以通过电子邮件、博客、在线购物网站、即时信息工具、网络社区（包括SNS社交网络、视频社区、电子公告BBS）等媒介来传播口碑，消费者也越来越习惯于通过互联网来获取口碑信息，这便促成了"网络口碑"的兴起。

与传统口碑传播相比，网络口碑传播具有以下一些特征：

1. 偶然性

传统的口碑传播通常发生在熟人之间，网络口碑既可能发生在熟人之间，也可能发生在陌生人之间。网络口碑传播中，商家可以轻易匿名伪装成一般大众来传播商业信息，达到宣传效果，从而模糊了商业与非商业的界线，而口碑信息的接收者往往不会去考究信息的来源或者信息内容的真实性就轻易散布出去，这使网络口碑的传播具有很大的偶然性。

几年前，沃尔玛曾推出了关于两个普通人劳拉（Laura）和吉姆（Jim）的博客专栏，他们驾驶休闲车横跨美国，停留在沃尔玛的各大停车场。该博客看上去像是由一对沃尔玛的狂热客户夫妇所撰写的，并一直受到人们的关注。后来《商业周刊》曝光了吉姆原来是沃尔玛公关公司雇用的一名职业摄影记者。由于故意模糊信息，沃尔玛和其公关公司饱受批评。

2. 传播方式多元化

网络口碑传播主要以文字交流为主，同时包括图片、多媒体信息等。此外，互联网允许用户之间以不同的对应关系进行信息活动，用户既可以进行一对一的口碑信息传递，也可以进行一对多的口碑信息传递，还可以进行多对多的口碑信息传递。网络口碑中人与人之间的交流已经突破了空间的限制，身在异地同样可以进行面对面的沟通，这种多元化特性也使网络口碑的传播范围、速度和效率都大大超过传统的口耳相传方式。

3. 传播主体的匿名性

网络的高度匿名性打破了传统的社会身份对于沟通的限制，本来在现实环境中无法表达的内容在互联网上却可以轻易实现。匿名性导致传播者较少顾及社会规范的约束，传播过程比较随意，这可能会降低网络口碑的可信度，也使网络成了很多谣言的发源地，这在一定程度上会对商家和消费者带来伤害。例如，2010年下半年互联网上曾闹得沸沸扬扬的"金龙鱼事件"，起因是有网友发布了一篇名为《金龙鱼，一条祸国殃民的鱼》的文章，文章称金龙鱼食用油利用有害的转基因大豆，毒害国人的身体健康，并呼吁网民抵制金龙鱼。该事件后经查实是一则谣言，然而经网络媒介进行传播后严重损害了品牌声誉。

专题：病毒营销

病毒营销（Viral Marketing）是以某种方式将企业的营销信息从一个消费者通过数字途径传递到另外一个消费者那里。当一个消费者将信息传递给其他潜在消费者的时候，病毒营销就发生了。"病毒"这个词意味着一个人被营销传播的信息"感染"了之后将其像病毒一样传播到朋友那里，不同之处在于消费者是主动将信息传递给其他人的。

病毒的信息内容可以包括广告、电子邮件、流媒体视频或者游戏。

多芬在其名为"真美运动"的全球整合传播活动中，曾推出了一部视频短片——《我眼中的你更美》。在短片中，FBI人像预测素描专家Gil Zamora和多位受访女性分坐在一张帘子两边，彼此看不见对方，Gil Zamora根据女性对自己容貌的口头描述勾勒出她的模样。然后，Gil Zamora根据陌生人对同一女性的容貌口头描述再描绘一张画像。之后，他把两张素描画摆放在一起做比较，结论是一个女人在他人眼里要比在她自己眼里美丽得多（图4-9）。

图4-9 多芬《我眼中的你更美》视频截图

这部广告片不仅令人振奋不已，还创造了线上营销纪录，推出后仅一个月内，浏览量就突破了1.14亿，还被翻译成25种语言，并在其33个YouTube官方频道下播放，全球超过110个国家的用户都可以观看这部短片。短片也影响到传统媒体，纸媒和广播新闻竞相报道，甚至引发了一系列线上讨论，这一病毒式营销传播获得了巨大的成功，多芬和广告代理商奥美还获得了戛纳国际创意节全场钛狮奖。

作为达能集团旗下的高档矿泉水，依云在2009年首次尝试病毒式营销，推出营销短片《Roller Baby》，应用计算机三维动画技术，塑造了一群小婴儿穿着溜冰鞋跳舞的场景。这部影片在YouTube独家播放，并在当时创造了吉尼斯世界纪录，成为在线广告史上观看次数最多的视频，该片在推出后不到两个月的时间里，浏览量就超过了2500万次（图4-10）。

图4-10 依云《Roller Baby》病毒视频截图

2011年，依云延续了应用计算机三维动画塑造婴儿人物的概念，推出了《Baby Inside》视频。2013年，依云又出了《Baby & Me》，该视频在YouTube的浏览量达到5000万次，推出一周后借助Facebook主页推广、促销广告和其他营销工具的帮助，访问浏览量很快就超过了1亿次。

病毒的传播需要一定的激励机制，娱乐性是最常见的一种激励因素，情感或者经济方面的获益也可以成为有效的激励因素。

在制作成功的病毒营销信息时，营销传播者需要注意以下一些内容：

- 将重点放在产品或者企业上；
- 病毒信息中包含了让人们想要传递下去的明确理由；
- 提供一种激励因素；
- 使病毒信息个性化，且与品牌有关联性。

第六节 公共关系传播

案例：

苹果公司的传播战略有力地推动了品牌走向成功，特别是公关实力，在全球几乎无人能及，它比任何一家科技公司都更加擅长引导舆论。在用户得以亲眼看到或亲手触摸新款苹果产品前，该公司就已经开始悉心呵护这些产品的公共形象：向某些媒体优先泄露信息，召开只有受邀媒体方可参加的媒体发布会，并引导经过筛选的知名记者撰写独特的评测报告。

与微软、三星、Adobe、沃尔玛等大企业不同，苹果的公关和沟通战略完全是自主制定的。尽管苹果是一家体量巨大的公司，但它的公关和沟通团队规模却很小。公司总部大约只有30名公关人员，世界各地的办事处也只是零零散散地聘用了几十名员工来帮助其组织会议、翻译新闻稿，或者回答记者发来的问题，但苹果却积极与TBWA的Media Arts Lab等外部机构展开合作，共同塑造苹果的媒体形象。从新闻通稿，到各种与既定政策一致的媒体采访，以及正式的"不予置评"回应，外加很多与媒体的非正式沟通，苹果的公关团队全方位控制了该公司的言行，同时也在很大程度上控制了他人对该公司的评价和评论。

苹果的公关人员不停地关注着外界对自己的报道，他们会搜集各路名人手持iPhone的照片，还有人会阅读各种以苹果为重点的博客文章，并且使用匿名的社交媒体账号密切关注专门报道苹果新闻的知名记者。苹果前公关人员指出，该公司的公关团队很享受这种"全面监管"的感觉，他们每天都会关注媒体对苹果的各种报道和评价。这种监督对苹果至关重要，他们每周都会多次向高管发送文件，详细阐述媒体近期的报道趋势。当苹果对外界的报道不满时，有时便会采取措施改变报道方向，甚至试图破坏大型新闻机构的报道效果。在乔布斯掌舵时，即使是一些最简单的公关细节，也会交由他亲自审核。除了杂志封面文章或重大采访外，乔布斯还会参与到各种新闻通稿的撰写中，每个单词都不放过。

一、公共关系的定义

公共关系（Public Relation）是指组织为改善与社会公众的关系，促进公众对组织的认识、理解及支持，达到树立良好组织形象、促进商品销售目的的一系列公共活动。公共关系的主要职能是经营企业的声誉并帮助公众形成对企业的一致认同。如今的经营环境竞争日趋激烈，获得公共认同需要企业付出不断的努力，公共关系逐渐成为一种非常重要的品牌传播工具。

在以好莱坞为标志的影视娱乐界，有一句话叫作"没有所谓的负面宣传"，这在娱乐圈或许有其一定的道理，但是对于想要获得美誉度和可持续发展的企业来说，负面宣传却是需要极力避免的事情。为获得良好声誉，避免出现负面效应，许多商业机构在开展公共关系活动时，都会在传播主题和信息内容的选择上花费大量的时间和精力。

公共关系和广告都是利用媒介来创造知名度或影响消费者的，但两者并不相同。广告通过广告主付费的媒介到达受众，受众通常会带着怀疑的眼光来看待广告，因此在整个营销传播计划中，广告并不是建立信用的最佳载体。但很多公共关系活动的传播发起者是不公开的，其信息通常以媒介新闻报道的形式来传播，特别是在网络上，有些信息的发起者和传播者就是消费者自身，受众更愿意相信这些来自媒介或者消费者的信息。可以说，广告适合创建品牌知名度和竞争力，而公共关系更适合建立品牌信用。

公共关系活动和市场营销也有一定的区别，市场营销将重心聚焦于消费者以及渠道商；公共关系虽然也越来越多的具有了一些促销职能，但其关注对象也包括目标消费者之外的其他一些企业利益相关人，在本书之前的章节中我们曾介绍过这一点。可口可乐品牌在全球范围内坚持本地化，在市场当地设立公司，所有员工都用当地人，帮助当地人就业并促进社会福利发展，这种品牌战略为可口可乐在当地社区及政府层面都构建了良好的公共关系。

二、公共关系的作用与影响

企业、团体或者政府机构都离不开一定的利益相关者群体，每一个这样的群体都被视为公众的组成部分。公关的目的就是要与公众建立并保持良好的关系，有时候公关的失败意味着失去顾客，需要花费宝贵的时间去应付投诉，甚至会使名誉受损害，进而削弱品牌资产，影响销售能力。许多品牌传播和管理公司设立了专门的公关部，也有许多企业增设了负责公关事宜的沟通部门。

随着沟通技术的进步以及各种权益保护机构的发展，普通消费者在市场中的地位和权力不断提升，由此导致公众舆论的力量也越来越强大，企业和组织必须考虑自身行为可能带来的社会影响，尤其是在危机时刻、紧急关头或者是灾难面前，以及在经营过程中作出比如价格或销售方式的改变等重要决策时，都必须非常慎重，因为企业的每一项决策都会以不同的方式对不同的群体产生影响。有效的公共关系要能够将群体舆论顺利地引向相互理解，化解对企业的不利影响。

相比较而言，公共关系的成本比广告低得多，但是却能够对公众的认知产生强烈影响。开展公共关系活动时，需要雇用专职人员创作并通过媒体来传播信息。如果企业能够提供有趣的新闻素材或者事件，可能会引发媒体争相免费报道，其效果与高投入的商业广告是一样的。正如在案例中介绍的那样，苹果公司的公关战略成效较高，其公关团队会通过种种手段悄无声息地影响媒体的报道方向。

三、公共关系的职能与手段

公共关系主要包括以下四大职能：经营企业的品牌声望、防止或者减少形象受损、承担社会责任、维系与顾客的关系。要履行这些职能，通常需要借助一些特定的手段和工具。

1. 经营品牌声望

公关的主要职能之一是经营企业在不同公众中的名声，企业的名声宝贵又脆弱，知名的企业和品牌能在发展顺利的时候促进业务增长，也能在出现问题的危急时刻保护企业和品牌。经营品牌声望的常用手段包括新闻宣传、传媒炒作等。

对许多公关专业人员而言，他们的主要任务就是为自己的公司或者客户撰写新闻稿件，并设法让媒介刊播这些稿件，这些新闻稿件的主要内容就是宣传企业的产品或者服务，促进营销增长，提高企业声望。有些人认为宣传是无偿的，但这是一种误解，实际情况是企业通过策划在报纸、杂志或网络等媒体上刊登的特定的新闻报道、深度文章、短文广告、案例分析等宣传性文章，通常都是需要付费的。不过，作为一种营销传播工具，公关的投资回报率远远大于其他传播活动。一次大型的广告活动投资要占到销售额的5%～20%，而一次大型公关活动的投资却只占到1%～2%。但在整合营销传播活动中，公关往往也会配合广告活动一起进行。

策划和安排事件并使之产生新闻效应的做法称为传媒炒作，这种方式也可称为事件营销。大多数公关人员都会利用传媒炒作使公众和消费者注意到某种新产品或服务，或者为企业树立有利的形象。成功的公关人员都会与某些特定媒体编辑人员建立并保持密切的联系。

2. 防止或减少形象受损

公共关系的第二个重要职能是形象受损控制，这是指回应由公司的过错、消费者不满或者媒体夸张失实的报道所引发的负面事件。对这些负面事件若处理不当，公司多年苦心经营的品牌形象有可能会毁于一旦。英国石油公司就一直遭受着2010年墨西哥海湾漏油事件的负面影响；2014年发生的供应商上海福喜食品公司被曝使用过期劣质肉事件也深深影响着麦当劳、肯德基等洋快餐品牌的形象。

有些负面宣传最初来自媒介，但有些时候顾客、雇员或者其他利益相关者也会通过口碑宣传对公司造成影响。网络的使用使糟糕的经历和负面的评价可以在短时间内通过社会网络、博客或微信等渠道瞬间传遍千家万户，因此，企业通过网络干预与网络上的负面口碑相抗衡就变得非常必要。目前网上各种论坛都有许多消费者发布的与特定品牌相关的负面信息，消费者个人在网上畅所欲言、宣泄情绪，甚至会进行有失偏颇的不公正评价，这些对一个品牌的形象和声誉来说都是严重打击。因此像福特、百事等许多著名品牌都安排专门的人员，运用相关软件来监视网络发帖、博客或者微博，正如微软的高级营销经理所说："如果你发现很多人都在转发一个帖子，那么你就应该引起注意了。"

当威胁到公司品牌形象的危机事件发生后，公司必须及时反应、齐心协力，在深入了解事实情况的基础上，真诚与社会公众沟通，采取包括反驳指控维护自身、坚定勇敢地承担责任、道歉等主动的或反应性措施，将负面效应最小化，确保公司顺利度过负面传播期，甚至将危机转化为机遇。

3. 承担社会责任

企业社会责任是指企业要讲究道德、有责任心，在创造利润、对股东承担法律责任的同时，还要对社会的需求做出回应，要承担对员工、消费者、社区和环境的责任。企业的社会责任要求企业必须超越把利润作为唯一目标的传统理念，强调要在生产过程中对人的价值的关注，强调对环境、消费者及社会的贡献。

商业领域的专家一致认为，拥有社会责任感的企业更能维持长时间的繁荣发展，公司若积极开展各类社会活动，其公关宣传也会更有说服力，也更容易赢得顾客的信赖。在参与社会和承担社会责任方面，许多公司会采取公益营销和绿色营销活动，公关部门负责将这些信息传递出去，或召开新闻发布会突出强调这些积极正面的活动，以塑造企业的良好形象。在公益营销中，企业通常将营销活动和慈善联系起来以引发公众好感。许多企业会支付高额费用，使自己有权力在企业广告和营销项目中使用一个非营利性机构的名字或者标志，如农夫山泉自2001年开始的"一分钱"公益行动，每一届都与某个非营利性机构合作，消费者每购买一瓶农夫山泉，农夫山泉企业就向该机构捐出一分钱。消费者更乐意购买支持慈善事业的企业提供的产品和服务。

绿色营销是指设计开发环境友好型的产品和服务，越来越多的消费者支持环保主义，也有越来越多的消费者偏爱绿色营销，尽管如此，几乎所有消费者都不愿意为了环境而牺牲价格、质量、便利和性能。

美体小铺（The Body Shop）是一个面部肌肤及身体护理产品零售商品牌，该品牌长期坚持公平贸易的采购计划、反对动物实验、唤醒女性的自觉意识、维护人权、保护地球、支持环保，这一系列的社会活动不仅为品牌赢得了较高的知名度，也树立了品牌与众不同的绿色形象。

4. 维系与顾客的关系

尽管公共关系的潜在力量很大，但由于其使用时机有限，常常不太受到重视，公共关系部门一般设立在公司总部，或者由第三方代理机构负责，员工常忙于应对各类公众，如股东、员工、政府、媒体等。

例如，在IBM公司中，公关部的主要职责有以下这些：

- 收集社会经济、产业状况及各种相关法令的变动信息，及时向最高管理层作通报。
- 就自己公司与其他上市公司的经营利益及相关的重要数据进行比较。
- 与政府部门、行业协会及重要厂商接触、联络，以扩增公司的业务机会。
- 定期安排政府主管官员、重点厂商与自己公司的相关主管会面、洽商。
- 主动选择适当题材及相关媒体，以宣传公司。
- 安排公司领导人接受媒体采访，满足媒体报道需求。
- 编撰公司简介、通信、年度报告，组织周年庆、股东大会等活动。
- 与公司福利委员会、工会密切配合，照顾并反映员工需求。
- 不定期发布公司领导人讲话。
- 表扬绩优员工。
- 利用有效渠道，加强公司内部的沟通。
- 深入基层，发掘公关问题。
- 其他专项工作处理。

需要引起注意的是，在这样的职能界定中，那些支持营销目标的公共关系活动被忽略了。对公共关系作用的传统认知，主要限于同各类利益相关者进行沟通，但在如今的市场环境下，公共关系对于企业品牌建设、销售额与利润的提升，以及吸引顾客参与、维系顾客关系等方面发挥着越来越大的作用。

广告与公关之间的界限日益模糊，例如，品牌网站、博客、微博、社交网络等平台都兼具广告和公关的传播特征。随着移动网络和新媒体的广泛运用，用户获得、创造并分享信息变得越来越容易，与其他部门相比，公共关系在品牌传播中发挥着越来越大的作用，常常能创造重要的营销传播内容，并吸引消费者参与品牌。比如在中国，越来越多的企业在新浪微博平台上开设官方微博，这些官方微博通常不销售东西，主要内容是展现品牌、吸引消费者和建设品牌社区，这类网站通常提供种类丰富的品牌信息、视频、博客、活动和其他一些有利于建立与公众关系互动的话题。

第五章　品牌传播媒介

第一节　传统媒介类型和特征

一、媒介概念

媒介是整个传播体系中非常重要的一环，无论多有力的传播手段，无论多有创意的信息内容，都必须通过合适的媒介才能使信息最终到达消费者面前。

传统的营销传播活动中，广告处于核心地位，因此传播者通常倾向于使用大众媒介。然而，随着整合营销传播理论的广泛运用，以及大量新型媒介工具的兴起，人们对媒介的认识也发生了很大变化，有人认为任何能连接品牌和消费者的工具与介质都可以称为品牌传播媒介。虽然新媒体蓬勃发展，但传统媒介渠道将继续在营销传播中占据非常重要的位置，在本章我们会着力讲解传统媒介渠道，同时也会介绍网络新媒体的相关概念。数字化及网络营销传播的内容将在第七章进行讲解。

如今人们习惯于将媒介分为传统媒介和网络新媒体两种形式，其中，传统媒介又包括以报纸、杂志、电视、广播为代表的四种大众传播媒介和户外、宣传册及直邮等其他媒介形式；网络新媒体又包括以网站、电子邮件、搜索引擎为代表的Web 1.0时代和以论坛（BBS）、视频网站、博客/微博/微信，社交网站（SNS）为代表的社交媒体Web 2.0时代。

二、传统媒介分类及特征

首先，我们来看看各种传统媒介的具体特征，表5-1是对所有传统传播媒介类型及其优缺点的一个简单归纳：

表5-1 主要的传统传播媒介类型简介

媒体	优 点	缺 点
电视	广泛覆盖大众市场；每次展露成本低；结合画面、声音和动作；感官吸引力强	绝对成本高；易受干扰；展露时间短暂；很难选择受众
报纸	灵活；及时；很好地覆盖当地市场；普及度高；可信度高	有效期短；印刷质量差；传阅性差
杂志	很好的人口和地理选择性；可信、有威望；印刷质量好；时效长、传阅性强	购买广告前置时间长；高成本；不能保证刊登位置
广播	本地接受度高；很好的人口和地理选择性；低成本	只有听觉效果；展露时间短暂；注意力差；听众分散
户外	灵活；高重复展露；低成本；位置选择性好	受众选择性小；创意受限
直邮	很好地选择受众；灵活；在同一媒体中没有竞争者；个性化	每次展露成本相对较高；易产生"垃圾邮件"的印象

1. 电视

长久以来，电视都是最有魅力的传播媒介，特别是一些国家级电视台及频道资源，总能吸引众多品牌商家的争相抢夺。中国中央电视台广告招标历来是各大企业广告投入的重中之重，除了《新闻联播》等老牌新闻节目，热播综艺节目近年来也成为央视的吸金法宝，近年来中标金额不断飙升，中央电视台2013年黄金资源广告招标预售总额达到158.81亿元，创下19年新高。另有一些省级卫视的热门节目档广告资源，也颇受企业青睐。

众多周知，电视媒体覆盖范围最广，媒介到达率最高。单支广告通常有成百上千万的观众，单次接触的成本也很低。电视的信息内容非常丰富，能使用简单的曲调、生动的内容来抓住观众的注意力，电视广告的创意空间也非常大。电视在塑造品牌形象和个性方面的优势是其他媒体所无法企及的。

但电视广告最大的缺点是观众的信息超载。一个电视节目每小时播出31条广告属于正常现象，总计要占用约19分钟，其结果是观众会纷纷换台，或者离开电视去做别的事情。并且，在有限的展露时间中播出众多广告，使品牌信息之间的竞争异常激烈，广告的回忆率较低，尤其是位于中间位置的品牌广告更是很难被记住。

同时，电视广告的制作成本和播放费用非常昂贵，制作一个30秒的全国性电视广告成本可能达到几十万元，其中包括制作费用、导演费用、编辑和后期制作费用，以及创意人员的劳动费用和音乐方面的费用等。刊播费用比制作费用更贵，两者在总花费中的占比通常达到8∶2，可见刊播费用之高。

选择电视广告刊播时段非常重要。大部分的电视节目都有很明确的受众。媒介策划人员要做到产品目标市场与电视节目主体观众之间的最佳匹配。2015年BMW5系独家赞助央视财经频道精心打造的周播电视公开课特别节目——《一人一世界》，在综艺节目追求娱乐至上的今天，《一人一世界》系列节目追求真理、洞察世界，充满人性思索与理性光辉。通过赞助此节目，BMW5系倡导"与坚持梦想者同行"的情感定位，表达出宝马品牌虚怀若谷的睿智内涵和永不满足的进取精神。

总体来说，虽然电视广告媒介成本较高，但其吸引人之处在于电视能以一个相对较低的个人接触成本或单次曝光成本来使较多的消费者个体接触到广告，也可以让广告通过多个有线电视频道来达到各细分市场。

2. 广播

广播虽然没有电视那么有魔力，但也是有效的广告媒介。特别是很多小型的地方性公司主要会通过广播来做广告，因为相对于电视，广播广告制作相对简单且成本较低。

广播传播快速、及时，覆盖面也很广，可重复传播，且对收听者的文化程度要求不高，能接触广泛的听众群体。值得一提的是，随着私家车的普及，城市居民的通勤时间多半在汽车上度过，许多具有较高购买能力的消费者也成为广播听众的一员，这些为广播媒介的发展注入了新的活力。

广播是一种单纯的听觉传播方式。广播广告通过声音效果、生动的曲调、不断的重复让听众记住广告信息，熟练的广播人员能够通过广告让听众想象出图像，并让广告从听众的短期记忆进入长期记忆。不同形式的广播电台，如谈话节目、抒情音乐、新闻节目等，都有特定的目标受众。因此，同电视一样，媒介策划人员也要依据广播节目的目标听众与产品的目标消费者之间的匹配程度来选择合适的广播媒介。

广播还能创造亲密感。听众往往会觉得跟DJ（广播电台主持人）很亲近，因为在收听广播时，人的听觉往往偏向情感，且主持人会灵活运用口语和音响等制造氛围，使信息的传播更生动、更有感染力。广播能快速而直接地创造与受众的互动，这也能让人产生亲近感。通常听同一个主持人的广播越久，亲密感越强烈，尤其是当听众曾经通过某种方式与DJ说过话或点过歌。这种亲密感让广播电台的主持人在听众心中也具有很高的可信度，所以电台的主持人为某种产品或服务代言也具有优势。

当然，广播媒介也有许多缺点。首先由于只是诉诸听觉，声音又稍纵即逝，因此传播缺乏深入劝服的功能，说服力较差，而且听众很可能在听广播的同时进行其他活动，比如开车或者在电脑面前工作，无法将注意力都放在广播上，甚至人们会使用广播作为背景来掩盖其他会分散注意力的噪声，因此很难全面把握广播广告的信息内容。

大多数广播是地方性的，如果企业想要通过广播来传达覆盖面较大的区域性信息会比较困难，需要同多家电台联系。相反，地方公司通常会因为同广播电台之间的关系而能够比全国性的企业拿到更好的价格。

广播广告低成本的优势让许多地方性企业有了更多选择。同时，广播具有灵活性，能在理想时段播放，也可以根据当时当地情况进行实时调整和实况播送。这种实况信息播送对许多餐饮、零售商店等想要鼓动消费者立即采取行动的公司有很大的吸引力。

3. 报纸

报纸的发行周期较短，信息复制速度快捷，因此传播的及时性非常明显，制作成本也较低，但是报纸读者的重复阅读率较低。报纸印刷工艺较简单，外观比较粗糙，因此许多对信息内容表现质量要求较高的产品，通常会选择印刷和编排更精美的杂志。

如今仍然有很多消费者将读报作为日常生活的一个重要组成部分，因此，报纸的读者通常多数为稳定的长期读者。大多数报纸具有区域性、地方性特征，因此报纸对当地市场有较大的渗透力，对于许多小规模的地方性企业来说，报纸和广播一样是最切实际的、最有效的信息传播媒介。

报纸的发行周期短，报纸可以每日、每周发行或者以增刊的形式发行，因此商家能够及时地对广告内容和促销策略进行更改，这种灵活性是报纸广告的一大优势，它能够确保广告主对其广告进行实时更新或者修改完善，以集中宣传品牌的最新活动或者是应对市场竞争。

另外，报纸具有特殊的新闻性，读者通过报纸去获取新闻报道和最新社会资讯，这可以在无形中增加刊载广告的可信度和公信力。读者对报纸信息选择的主动性较强，在阅读中会表现出冷静和理智的感知方式，因此，报纸广告中适合提供更详细的产品信息，读者通常愿意花更多的时间阅读报纸中的广告版面。

报纸广告也有自身不可避免的缺点，比如在细分市场的针对性上，报纸没有杂志那么精准，因为报纸通常是大众化的和综合性的，作为报纸主体内容的新闻也属于告知型信息，因此读者范围比较广泛；报纸的有效期非常短，一旦被阅读过后，通常会被弃置，如果读者没有在第一遍阅读报纸的时候留意到上面的广告信息，那么广告将就此被忽略，很少有人会重新阅读已经读过的报纸。

4. 杂志

杂志的发行周期较长，印刷较精美，编排设计和印刷工艺要求都很高，成本也较高，但其在彩印、图像设计与编排上的突出效果，使杂志本身的感染力大过报纸，专业型杂志的权威性以及高端杂志所带来的高贵感和时尚感都能对品牌形象产生较大影响。

杂志分类较细，内容专业化程度高、针对性强。很多杂志都是基于人口统计学或生活方式的一些特征来定位自己的内容和读者群，因此，某种杂志的受众群特征都比较接近，这使信息传播有更强的针对性，适合针对特定受众的传播。比如订阅《汽车杂志》的读者通常都是汽车爱好者，会对汽车相关资讯非常感兴趣。读者会更多阅读和关注跟其需求和欲望相关的广告。高度的兴趣、高度的细分市场以及高度的差异化，再加上高质量的色彩和印刷，使杂志能为目标市场明确的产品提供理想的品牌宣传。

有研究表明，一半的读者在看过杂志广告后会改变认知或采取相关行动，比如对广告主有更多的了解和好感，甚至直接登录品牌网站获取详细信息。在促进购买意愿方面，杂志的作用也很大，据调查公司发现，花在杂志上的1美元宣传费用能带来8美元的销售，而投资在其他媒介上的平均利润是每投入1美元能带来3美元的销售，产生这种差别的主要原因在于，杂志对读者群能进行精确细分，并传达与读者高度接近的内容，因此在特定杂志上的传播能够更有效地到达目标市场。在某个细分市场中，比如时尚及服装服饰类、育儿类方面，都会有好几本针对性较强的杂志。

杂志刊载的内容具有一定的深度和系统性，内容价值一般较高，通常某一期杂志会不断地被阅读，在自己感兴趣的话题上读者花费的时间也较长，因此也适合对品牌及产品进行更深入和细致的介绍。

同所有其他传统媒介一样，由于网络新媒体的冲击，杂志的经营也举步维艰，许多应用型App、微信公众号和微博等媒体受到消费者青睐，严重冲击了杂志的市场格局，使杂志的读者人数不断减少。同时杂志制作周期较长，杂志内容通常都需要提前编排、不易更改，导致信息传播缺乏灵活性，当商家需要传播即时性的促销信息时，往往就不适合使用杂志媒介。

5. 户外

户外媒介是指设置在露天里的承载品牌相关信息的各种设施，最常见的形式就是马路上的广告牌，还包括灯箱、气球、霓虹灯等，还有一些公交站亭、公园长凳、运动竞技场所围栏等设施上的广告空间也属于户外媒介的范畴。近几年随着对城市交通工具的开发利用，公共汽车、出租车，以及地铁内的相关空间及设施，也成为品牌信息的承载工具，这也是户外媒介发展的新趋势。

户外媒介的生命周期长，能长时间不间断地传播信息，户外广告的到达率也很高，且单位暴露成本最低。对地方性公司来说，户外是非常好的传播媒介，因为户外主要影响当地市场的受众。很多媒介购买公司会提供户外广告轮流投放的套餐，将一个广告在一整年中轮流放在同一个地区的不同地点，这样就可以增加广告的到达率。

户外媒介可以按照人们活动的类型来定位消费者，分众传媒曾按照不同人群的生活轨迹来安排不同类型的户外广告投放，如针对商旅人士安排的从机场巴士、机场安检处和候机厅，到宾馆酒店的"一站式"户外广告投放计划，可以使信息精准地到达目标受众（图5-1）。

户外广告的主要缺点就是曝光时间短，司机开车经过广告牌时，关注的通常是交通路况，曾有户外广告因为内容太吸引人致使司机分心而导致交通事故的发生。因此，户外广告的信息内容必须简短，能快速表明广告目标，不然很容易被忽略。

在以往的品牌传播中，户外很少会被纳入整合营销传播活动计划，如今户外广告已经成为整合营销传播项目的关键组成部分，在之前我们介绍的耐克"跑了就懂"和可口可乐"快乐中国创造"两个案例中，户外都是重要的媒介载体。出现这种现象最主要的原因在于科技的进步给户外媒介发展带来新的契机，全球定位系统、无线通信技术、数码展示技术的运用

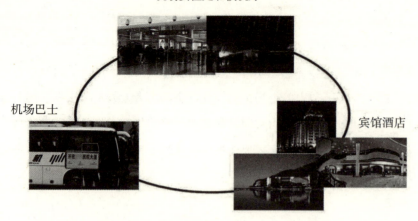

图5-1 分众传媒针对商旅人士的户外广告投放

使户外媒介发生了很大变化，宝洁和麦当劳等许多知名公司曾运用LED技术提供的视频屏幕，在纽约的时代广场等地发布了动画视频广告，有些甚至能让消费者与户外广告直接互动，对消费者来说这些是非常具有吸引力的展示方式。

6. 直邮

直邮是指通过邮寄的方式将品牌广告或促销信息有选择性地直接送到消费者手中的传播方式，类型主要包括：商品目录、商品价目表、明信片、宣传手册、传单等。在电子媒介被广泛运用之前的很长一段时间里，直邮都是商家向消费者传递信息的重要媒介。

直邮针对性强，能帮助品牌直接与目标消费者进行交流，且直邮广告的制作与发行都非常快，广告主可根据特定受众的个人需求和特征设计直邮，不会冒犯其他消费者，也可以有效避开竞争者的监视。直邮的反馈率较高，能有效测试对象对产品的接受程度和对营销计划的反应，从而帮助品牌制订和修改营销传播计划。

然而，直邮成本也较高，且邮政投递系统也无法保证投递时间，人口流动速度的加快也使许多直邮因为收件人搬家而无法被投递。有些人因为收到的邮件太多，而将直邮广告视为垃圾，弃置一旁不予理会。当然，也有一些品牌的直邮因为内容设计精美而受到消费者欢迎，比如宜家直邮的产品手册就一直受到很多新中产阶层的喜爱，宜家认为向锁定的消费群散发目录手册，远比铺天盖地的广告廉价和有效得多。宜家的目录手册制作精美，融家居时尚和家居艺术为一体，对于无暇上街购物的忙碌人群来说是非常实用的信息获取方式。

互联网的使用使直邮的形式也发生变化，以前通过传统邮政物流方式投递的直邮，如今可以通过网络数字化（如电子邮件或手机短信）的方式来传递，网络直邮更加便捷和环保，同时也方便对传播效果进行跟踪测量。

第二节　互联网新媒介

互联网媒介又称网络媒介，是指借助国际互联网这个信息传播平台，以电脑、电视机以及移动电话等为终端，以文字、声音、图像等形式来传播新信息的一种数字化、多媒体传播媒介。相对于早已诞生的报纸、杂志、广播、电视四大传统媒体而言，人们将互联网称为"第五媒介"，或者称为新媒介。从严格意义上说，互联网媒介是指国际互联网被人们所利用进行信息传播的工具性能。

中国在1994年接入互联网，据最新一期《中国互联网统计报告》显示，截至2015年12月，中国网民规模达6.88亿人，互联网普及率为50.3%；通过台式电脑和笔记本电脑接入互联网的比例分别为67.6%和38.7%；手机上网使用率为90.1%，平板电脑上网使用率为31.5%，电视上网使用率为17.9%。同样的变化也发生在世界上其他一些国家和地区。美国家庭网络渗透率达到85%，美国网民平均每天在网络媒介上花费5个多小时，超过60%的智能手机用户通过手机上网，并且美国人现在更多使用手机和平板电脑上网，而不是个人电脑。如今，世界上40%的人口可以使用互联网，22%的人使用移动互联网，随着手机上网的普及，这一比例将快速增长。

一、互联网媒介特征

第一，互联网媒介具有数字化特征。数字化使信息第一次不仅在内容上，而且在形式上获得了同一性。数字化的革命意义不仅是便于复制和传送，更重要的是方便不同形式的信息之间相互转换，如将文字转换为声音。数字化信息可以由无限多的人使用，用户可以很方便地通过输入关键词对无限丰富的信息进行检索、储存和发布。

第二，互联网使传播的交互性增强。所谓交互即参与主体之间的多向交流与互动，传统媒介由于受到时间、空间、技术等各方面因素的制约，交互性不能得到充分发挥，受众往往只是信息的被动接收者，难以针对信息、事件本身进行完整的表达和反馈。网络不仅提供了海量的、多元的信息供受众进行自主选择，同时也为受众参与传播提供了开放的、通畅的互动平台。交互实质上就是信息的再加工和再传播过程，在这一过程中，受众不是被动的信息接收者，而是积极的传播参与者。

第二，多媒体化和媒介功能的融合。互联网媒介整合了报纸、广播、电视三大媒介的优势，实现了文字、图片、声音、图像等传播符号和手段的有机结合。

第四，媒介资源的丰富化。互联网资源的丰富性体现为传播主体的多元性和信息内容的丰富性。传播主体的多元性是指无论组织还是个人都可以发布信息，成为信息传播的主体；信息内容的丰富性是指互联网媒体贮存和发布的信息容量巨大，有人形象地将其比喻为"海量"，而传统媒介在单位时间和空间中所传播的信息都是有限的。此外，丰富化还体现在信息形态的多样性和传播方式的多样性。

第五，信息传播的全球化。互联网是一种名符其实的全球化传播媒介。传统媒介的传播范围多限本地或本国，互联网打破了这一束缚，其传者与受众遍及全世界。全球化媒介的特征，有利于地方性媒介与全国性媒介、弱势媒介与强势媒介之间展开公平竞争，这使得某些小型网站亦可凭借自己独特的竞争优势吸引全世界网民的关注。

第六，互联网媒介具有自由性和个性化特征。自由性体现在受众可以在任何自己方便的时间与地点上网来处理信息。这使得受众主体意识增强，社会话语权分散，每个人都可以进行大众传播。个性化体现在互联网内容的设计，更多关注受众的个体需要，因为网民自己就是网络内容的创作者。

这些特征决定了对于品牌传播而言互联网媒介具有众多优势：可以赋予消费者更多直接与企业进行互动交流的途径，有助于建立消费者与品牌之间的关系；可以及时反馈消费者对品牌营销与传播的需求和建议，能快速到达品牌管理者；互联网能实现与消费者之间一对一的个性化营销传播，通过跟踪网民的网络浏览和消费行为，可以建立消费者数据库，制订并推送个性化的信息；互联网的超文本链接特征，可以同时实现品牌的信息传播与产品的销售，等等。

二、品牌的互联网传播类型

1. 品牌官方网站与移动应用

企业运用互联网进行传播的第一步是建立网站，网站的网址或统一资源定位符（URL）已经成为识别一个品牌非常重要的因素。不同的品牌网站因为目的不一样，导致内容存在很大差异。有些品牌网站并不销售任何东西，其主要目的是展示品牌文化、维系与消费者的关系，这类网站通常提供种类丰富的品牌信息、视频、博客、活动和其他一些有益于建立联系并促进互动的特色内容。还有一些网站主要是营销网站，即通过官方网站进行商品和服务的销售，也称为电子商务（e-commerce）网站。联想（Lenovo）公司直接将品牌的官方网站打造成联想商城，依据电脑、手机、平板电脑、智能电视、周边等产品线，以及服务和社交平台链接来进行网站架构的布局，在产品展示的同时可实现即时交易。

有些电子商务是单纯的在线交易，也有些是实体商店与线上销售相结合的模式，线上营销是对实体店的补充支持。

针对电子商务，以前的网站只需要提供产品目录、购物车和支付系统来完成交易，如今，电子商务网站的构成也发生了许多变化，如图5-2所示。

```
• 产品目录                    • 支付系统
    产品信息                      简单快捷方便的付款方式
    产品导航                  • 商店位置
• 购物车                      • 定制服务功能
    暂时放入购物车            • 顾客评论和反馈信息
```

图5-2 网站的电子商务构成要素

一个合格的网站应该便于使用，并且能在外观设计上具有吸引力，但网站最重要的是有用性，包含深入的和有用的信息，有与其他相关网站的链接，最新的促销信息，以及能给消费者带来愉快体验的各种特征，等等。

在官方网站之外，越来越多的企业开始运用移动互联网来补充完善原有的媒介渠道，如推出品牌App。同网站一样，传统的App具有电子商城的性质，与此同时有许多公司将App打造成创新性的品牌传播媒介。

服饰品牌优衣库（UNIQLO）倡导"服适人生"，不是单纯将衣服作为一种时尚，而是通过衣服来创造和丰富人们的日常生活，基于这个概念，优衣库发表了名为"UNIQLO LIFE TOOLS"的各种数字化生活工具类App，包括UNIQLO WAKE UP、UNIQLO CALENDAR和UNIQLO RECIPE。MUJI to GO是无印良品（MUJI）打造的以旅行为重点的App，这是一款具备国际时间、天气、Google查询、货币换算、计算器等功能的旅行工具型App。

珠宝品牌蒂芙尼（TIFFANY）设计了名为"TIFFANY True Love"的App。这款App整体上遵循了TIFFANY简洁优雅的设计之道，通过"真爱故事""蒂芙尼的纽约""浪漫的艺术""爱无所不在"四个板块营造出品牌复古优雅的气质，只与"真爱"有关的主题内容和浪漫氛围大大提升了用户对品牌的好感度（图5-3）。

图5-3 "TIFFANY True Love" App界面

品牌App的诞生，对移动互联网时代的品牌形象塑造带来了更多机会和挑战。App的视觉风格，甚至App商城上的宣传广告和产品介绍等，都是品牌形象的重要组成部分。品牌App也能通过讲故事的手法来营造情感氛围，用各种方式提高品牌曝光率。

2. 网络广告

网络广告也称在线广告，主要的网络广告类型有：网络横幅广告、搜索引擎广告、插件广告、视频广告四种。

横幅广告是网络广告最早采用的形式，也是目前最常见的形式。横幅广告又称旗帜广告，它是横跨于网页上的矩形公告牌，当用户点击这些横幅的时候，通常可以链接到广告主的网页。从表现形式上，横幅广告可以分成三种类型：静态横幅、动画横幅、互动式横幅。现在横幅可以被嵌入视频或者其他广告中，增加浏览者看到并点击的几率。网站利用最新的广告交易系统软件能帮助广告主有选择地投放横幅广告。当一个年轻的女性消费者登录进该网站时，软件会瞬间搜索广告拍卖交易系统为广告主匹配出这位女士的信息，一旦有广告主被匹配定位，一条横幅广告就会迅速闪现在电脑屏幕上。

在线广告中占比最高的是搜索引擎广告。当用户搜索到广告主投放的关键词时，相应的广告就会展示在搜索结果列表中。许多公司都致力于搜索引擎优化（Search Engine Optimization，简称SEO），以增加公司网站出现在搜索结果中的可能性，并尽量处于搜索列表的顶端。公司也通过付费来争取置顶的位置，通常一条广告在搜索页面上的位置取决于公司支付的价钱和该搜索引擎运用计算程序得出的这条广告与特定关键词的关联度。

消费者通常认为网站的搜索结果是公正的，会对排名靠前的品牌产生信任和积极的品牌感知，并由此影响到购买行为。因此，当他们了解到百度关键词搜索的排名结果并非基于公平计算得出，而是和广告主的付费有关时，消费者会有受欺骗的感觉，如今百度的付费搜索广告需要明确标出"推广链接"的标记。

插件是嵌入横幅广告的迷你应用。插件通过一切与互联网相关的设备为个人用户获取网站信息提供了个性化的通道。

服装品牌优衣库曾经制作了在线日历"UNIQLO CALENDAR"，作为其全球品牌推广战略的一部分。"UNIQLO CALENDAR"包含三部分：独特的季节性视频、音乐及优衣库商品图像，既可作为独立的网站来欣赏，也可作为博客插件使用。该网站不仅是日历，还可为用户提供所选城市的天气信息。如果点击网站上的图像，就会展示该月份新发布的优衣库商品，用户可以将此插件作为随季节更新的商品目录来欣赏（图5-4）。

图5-4 UNIQLO CALENDAR插件截图

视频广告是网络在线广告中比较重要的一部分。对很多传统行业的企业来讲，不会专门聘请一个技术团队进行视频管理平台的开发，一般都会将企业的宣传视频上传到优酷或土豆这样的社会化分享网站，再将上传好的视频链接引回到企业网站进行播放。

有些视频是专门为网站和社交媒体制作的，比如公共关系视频或者品牌微电影视频，这类视频通常具有娱乐性和趣味性。另外一些视频是公司为了电视和电影等媒体制作的，配合广告运动而上传至网络，有些是广告的完整版或者拍摄花絮。

优秀的视频可以像病毒一样在网络上进行传播，吸引数百万的消费者进行主动地搜索和自觉地传播扩散，这就是病毒营销。病毒式传播的视频内容都极具感染力，能吸引用户并给品牌带来正面的宣传曝光。麦当劳公司的营销经理曾经回答了一位网民的问题：通过展示麦当劳广告制作的幕后过程，解释为什么广告中的麦当劳产品看起来比现实中的好。这段时长3分半钟的视频吸引了1500万次的浏览和1.5万次的转发，公司也因为真诚和透明而赢得了消费者的赞赏。

3. 电子邮件

电子邮件是一种用电子手段提供信息交换的通信方式，是互联网应用最广的服务。要获得成功，通过电子邮件发送的广告信息应该同其他渠道相整合，而不能仅仅是购买邮箱地址然后将邮件发给地址列表上的消费者。

绝大部分的消费者每天都要使用电子邮件，而且电子邮件的使用已经不再局限于电脑，如今有超过60%的电子邮件是在移动设备上打开和阅读的。因为成本极低，相对而言电子邮件具有较高的投资回报。

若使用得当，电子邮件可以成为非常好的营销传播媒介。通过追踪消费者网络浏览的踪迹，如果发现有人在一个网站花较长的时间看商品，那么这个人就会成为使用电子邮件推广产品的绝佳目标。当消费者订购商品后，可以及时通知订单处理情况，并提供相关的售后服务信息。电子邮件也可以针对那些放弃购物车里已经选购的商品，没有进行购买的消费者。许多的网上购物者会在付款时放弃购买，技术部门判断出哪些消费者放弃了购买，通过发送邮件给这些人，进行简单的付款提醒，或者告知一些商品优惠信息，或提供一些同类的其他商品供选择，这样都可以帮助实现交易。因此，有目标的电子邮件发送比大量的发送邮件更有针对性，也能获得更好的效果。

电子邮件能通过发送有针对性的、个性化的信息帮助品牌与消费者之间建立关系。如今的电子邮件形式多彩多样，内容引人入胜，并且具备互动性，不再像以前那样只有纯文字信息。服装品牌ZARA与化妆品零售商品牌SEPHORA会定期向消费者推送精美的产品图册，在特定的节日期间还会推送优惠券，或者根据以往消费记录，推荐合适的商品。这些电子邮件不仅能有效地促进销售，也能提高顾客对品牌的忠诚度。

4. 博客与微博

博客是指网络日志。在博客里，个人或者组织可以对其想法和其他一些细小的主题进行在线记录，涵盖的话题通常非常宽泛。博客的传播以博客文章的价值为基础，以个人观点表述为主要模式，每篇博客文章表现为一个独立的网页，所以对于博客的内容一般有一定的质量要求。

微博即微型博客（Microblog）的简称，是博客的一种，是一种通过关注机制分享简短实时信息的广播式社交网络平台，它基于用户关系进行信息分享、传播以及获取。用户可以通过WEB、WAP等各种客户端组建个人社区，以140字（包括标点符号）的文字更新信息，实现即时分享，充分发挥了"碎片时间资源集合"的价值。微博更注重时效性和随意性，更能表达出每时每刻的思想和最新动态，而博客更偏重于梳理在一段时间内的所见、所闻、所感。

许多公司建立了官方博客或微博平台，许多品牌的活动计划都会通过官方平台来发布，因此博客和微博也能促成口碑营销。招商银行除官方微博外，还建立了多个微博平台，以实现品牌与消费者之间的直接交流，这些微博包括"招商银行信用卡中心官方微博""招商银行出行易""招商银行i理财"三个主打产品微博，"招商银行远程银行中心""招商银行出行易客服"两个客服微博，再加上"招行微公益"的公益微博。

除了自建博客，许多营销者还会运用第三方博客来传播营销讯息。例如，麦当劳与一些重要的妈妈博主们建立联系，曾经邀请一些妈妈博主们参加免费的公司总部体验活动，包括参观设施，观看食品制作过程，与总裁合影等。事后这些拥有大批忠实粉丝的妈妈们在博客中真实、客观并积极地反映了体验活动的所见所闻，吸引更多的妈妈博主们关注麦当劳。一位知名博主说："我知道麦当劳有一些我孩子想吃的东西，但是我无法告诉你汉堡王现在在做什么、有什么，因为我不了解这些。"

对品牌来说，博客和微博之所以无法忽略，是因为如果一个顾客对某一品牌有不好的消费体验，他可以通过博客或者微博把他的不满传达给上千人，特别是一些在各种社交网络上有广大忠实关注者的博客，其内容甚至有可能传递给数百万人，产生更加巨大的影响力。无论博客或者微博，我们能发现它们有一个共有的特征，即都是由消费者主导的媒介形式，因此，无论企业是否参与这类媒介，都应该进行积极监督和倾听，因为可以利用这些媒介信息对其营销传播方案做出积极地调整。

5. 社交网络

社交网络英文全称Social Network Service（简称SNS），即社会网络服务。中国的许多社交网络其实并不具备社会服务的功能，而是以社会交往为主，以认识朋友的朋友为基础，扩展自己的人脉，因此称为社交网络。比较知名的社交网络国外有Facebook、Twitter、YouTube等，中国有人人网、豆瓣、开心网，以及移动端的微信、QQ空间等，此外还有一些不是以关系而是以兴趣爱好而构建起来的社区论坛，也具有社交网络的特征。社交网络在消费者生活中的地位变得越来越重要，人们通过社交网站与朋友联系，发表言论、获取信息，这也使社交网络受到企业的欢迎，成为品牌营销传播不可或缺的重要阵地。

2009年6月，麦当劳公司首次采取和SNS网络合作的方式、携手中国最大的实名制网络互动沟通平台——校内网（后改名为人人网），启动为期三个月的全国"见面吧！"主题推广活动。配合"见面吧！"主题，麦当劳提供了多种有趣又有意义的线上线下互动活动。在整个活动期间，麦当劳在人人网征集"101个见面的理由"，如果消费者提出的理由赢得最多网友赞同，更可以获得麦当劳颁出的特别奖项，有机会免费邀请朋友到麦当劳见面。该活动对社交网站的运用既符合年轻人喜欢分享的特点，也激励每一个参与者成为传播源，扩大品牌传播的影响范围（图5-5）。

图5-5 "见面吧！"视频广告截图与海报

微信是腾讯公司推出的一款网络手机通信软件，用户可以通过微信与好友进行形式丰富的联系。微信公众账号可以实现群发推送、自动回复、一对一交流和自定义菜单等功能，对于企业来讲，可以运用微信公众账号与目标消费者、潜在消费者等特殊群体实现全方位的沟通和互动。

公司通过创建微信订阅号来宣传企业的文化、品牌最新动向及优惠活动，还可以与用户分享和交流最新的行业动态、新闻资讯、产品要闻等信息，或者直接与粉丝用户讨论各种话题，这些都非常有利于提升品牌关注度。

除官方公众平台外，企业还可以通过微信朋友圈来进行品牌营销传播。微信朋友圈的优势是客户群体明确，能精准把握目标客户或潜在客户的特点，而且朋友圈是熟人社交，能快速建立信任，这些使品牌信息的推送目标更明确、更有针对性。同时企业也可以借用第三方平台进行微信营销。一些具有自媒体特征的、知名的个人或团队公众号，具有个性化和风格化特征，吸引众多粉丝关注，这些账号往往也能成为品牌推广的重要渠道。如以关注时尚和明星八卦而出名的公众号"石榴婆报告"，在女性粉丝中拥有极佳的口碑和广泛的关注度，为众多服装服饰、护肤美容和生活用品类品牌做推广，也给多家奢侈品品牌代言。

此外，各种以特殊兴趣爱好而积聚起来的网络论坛，也是企业及其品牌非常重要的营销传播场所。网络论坛英文全称Bulletin Board System（简称BBS），翻译为中文就是"电子布告栏系统"，可理解为发帖回帖讨论平台，是Internet上的一种电子信息服务系统，交互性强，内容丰富而及时，用户可以在BBS站点上获得各种信息服务、发布信息、进行讨论、聊天，等等。企业一般会对与其相关的知名论坛进行监控，对信息进行实时的引导，或者通过在官方网站自建论坛的方式，与消费者进行沟通。

需要注意，社交网络媒体具有明显的社交性和互动性，有助于品牌发布针对性强具有高度个性化的信息内容，能帮助品牌倾听消费者的真实想法,并与消费者进行平等而直接的对话,这有助于强化品牌个性,同时拉近品牌与消费者之间的距离。

三、品牌的互联网传播趋势

据艾瑞咨询公司的调查,2015年中国网络市场开始逐步进入成熟期,搜索引擎广告、电商广告及品牌图形广告的市场份额排名前三,大型互联网公司正在将巨大的流量变现为惊人的广告收入。而传统媒体的广告收入在2015年不断下滑,2015年第三季度的同比降幅首次跌破两位数,电视广告下滑明显,平面媒体的困境也不断加剧。相反,互联网广告则继续高歌猛进,无论是用户媒介接触时长,还是广告花费占比,网络广告已占整体广告市场近半壁江山,成为传统媒体的最大挑战者。

互联网不仅仅替代了四大媒体的功能,还深刻地改变了人们的人际沟通方式、娱乐方式和购物消费方式。目前,世界上的大部分交易在互联网中进行。人们借助网络随时随地地接触信息、了解品牌、彼此联系。互联网从根本上改变了人们对于便利、速度、价格、产品信息和服务的看法,并由此给营销传播者提供了一种为顾客创造价值、吸引顾客参与并建立顾客关系的全新方式。

同时,移动互联网时代的到来,门户网站、网络视频、移动智能终端、微博、微信的相继崛起吸引了更多的年轻群体。由于网络更多的灵活性与互动性,越来越多的年轻人离开了电视屏幕,更重要的是,越来越多的零售商搭建了网上商城,越来越多的消费者即便是在实体店内,也会运用移动终端来进行价格比对,以获得更全面、更优惠的商品信息。

互联网逐渐发展成为一个远比传统媒介更加庞大、更加复杂,且更加一体化的新型媒介。与此同时,互联网媒介本身也不断分化,经历了从第一代互联网时代(Web 1.0),到第二代互联网时代(Web 2.0)的转变。Web 1.0以网络用户信息获取需求为中心,主要产品代表为各种门户网站、搜索引擎、E-mail等;Web 2.0以消费者兴趣或人脉积聚需求为中心,产品代表为各种社交网络的兴起。

在Web 1.0时代,人们只有在使用必要的网络工具时,才会受到营销传播内容的影响,因此,这一阶段的网络传播只是将传统传播形式和内容延伸至网络媒介上而已。到了Web 2.0时代,人们的行为由兴趣和人脉关系引发，营销的影响在兴趣互动中发挥作用，品牌传播中营销的痕迹不明显，很多时候品牌传播的信息是消费者自己原创的内容，因此更多体现的是用户与品牌之间的互动交流，这使传播效果甚至可以被网友自发放大。

哪里有消费者聚集，哪里就是与品牌传播相关的地方，绝大多数的品牌营销者都会将目光聚焦在互联网媒介传播上，有调查显示，接近90%的美国企业都将社交媒体网络作为媒介组合的一部分，因此，网络媒介已经成为如今品牌传播活动中最为重要的媒介形式。

第三节 媒介策略

一、媒介策略的内容

媒介策略是为了执行某一传播活动而进行的一个分析并筛选出媒介的过程。媒介策划人员和媒介购买人员主要负责完成这个工作。媒介策划人员的主要工作是与创意人员以及品牌客户紧密合作，制订一个何时何地进行信息传播的计划。媒介购买人员的工作是购买合适的媒介空间和时段，确定价格、展示时间和频率等。

在市场上现有的200多本消费者杂志中，普通消费者平均只会看其中不超过9种；广播听众往往只会听其中3个频道；电视观众通过有线和卫星观看的电视频道少于8个，而我们能收看的全国性电视频道大约是40多个，省市甲级电视频道大概300多家，乙级电视频道超过500家，全国电视频道包含一些县级有线电视转播站频道大约为1000个；而在超过千万数量的网站中，消费者常光顾的网站数量也屈指可数。因此，要能在众多的媒介渠道中选出能接触到消费者的最佳媒介变得很困难。只有在确定了媒介策略之后，才能开始媒介选择和购买等其他方面的工作。

制定媒介策略要从仔细分析目标市场开始。要首先理解消费者作出购买行为的过程以及影响最终购买决定的因素，最常用的方法是研究本次传播活动所要影响的主要目标群体，了解该群体在一天的不同时段中作出的媒介信息接触选择，图5-6是对典型群体的媒介接触描述：

类似的信息在制定媒介策略时是非常有参考作用的。因为只知道年龄、性别、收入和受教育程度等人口统计学的信息不足以了解目标消费者的媒介接触习惯，要将广告等信息放在最适合的时间和地点。

> - 早晨起床和在上班路上最喜欢听广播
> - 最喜欢看早间新闻节目或者报纸
> - 在工作时间阅览商业期刊
> - 工作时间中播放广播
> - 工作间隙浏览喜欢的网站
> - 午休时间通过即时工具与朋友聊天
> - 晚间喜欢用手机终端看各种App
> - 晚间喜欢读杂志
> - 晚间喜欢看电视节目
> - 在休闲时喜欢浏览网站
> - 经常去购物、吃饭或者娱乐的地方

图5-6 消费者接触到商业信息的不同时间举例

通常制定媒介策略需要考虑以下一些影响因素：

- 营销目标
- 传播目标
- 目标消费者及目标受众
- 信息策略及创意
- 预算

其中，营销目标是指对营销状况进行分析，了解目前的销售情况、市场份额、产品定位与特性、定价策略、渠道策略，以及竞争状况等，通过分析明确营销现状对媒体传播部分的要求。

传播目标也是制定媒介策略中非常重要的影响因素。不同的媒介具有不同的特性，这决定了它们在承载和表达信息的功能上也有所不同。比如电视具有极高的到达率，对受众的知识水平和识字能力没有太多要求，同时电视广告能配合音乐、形象生动的画面、精彩的对白等内容快速抓住受众注意力，能生动地显示产品的特征，有说服力地展示对消费者的利益，能生动地描绘用户形象、使用场景、品牌个性及品牌的其他无形特点等。通常，如果传播目标是为了塑造品牌形象或传播品牌理念，那么影视媒介是非常有利的媒介形式；如果品牌传播目标是说服消费者购买，则需要对产品功能、特性和优势等信息进行具体宣传，那印刷媒介则更合适。

不同的消费群体在需求、生活方式和价值观上有较大的不同，这种不同也会反应在对媒介的选择和接触上。比如，年龄较大的人群更愿意接触广告、报纸和电视等传统媒介形式，而伴随网络长大的年轻消费者更愿意把空闲时间花在电脑和移动终端等互联网媒介上。所以说目标受众和目标消费者是谁，往往也决定了媒介策略的制定。

传播的信息策略及创意方式也与媒介策略息息相关。一则成功的广告，从它的制作开始就考虑了媒体的因素，广告的创意、文案和传播也总是受制于它所选择的媒体。因此，广告作品只有配合各种不同媒体的特征，进行恰当的选择，才能适应各类媒体的不同优势，准确地、巧妙地把有关信息传递给目标消费者。

预算是一个通常会被忽略，但在实际运用中又非常重要的因素，预算的多少直接决定了媒介策略的制定。不同的媒介产品销售价格都不一样的，因此，预算的多少直接决定了对媒介种类、传播覆盖率的选择，也直接决定了投放时间和频率。

媒介策略的结果是形成媒介计划，一项完整的媒介计划通常包含以下内容（图5-7）。

- 传播范围
- 传播效果
- 投放频率
- 媒介类型
- 媒介选择与组合
- 媒介排期

图5-7 媒介计划构成要素

二、媒介的选择与组合

1. 媒介选择指标

媒介策划和购买人员要选择最佳的媒介渠道来传播品牌信息，争取以最小的投入获得最大的收益。在上述媒介策略中讲到有些因素会影响到媒介的选择，如营销目标、传播目标、目标消费者及目标受众、信息策略及创意、预算等，除此之外，在对媒介进行选择时，还有一些特定的评估指标可供参考，包括量化术语指标和定性指标两类。

传统媒介中定性指标包括媒介的成本、媒介的风格定位、媒介的受众特征等；定量指标包括到达率、频率、广告可见率、总收视点、千人成本、收视率及每收视点成本。网络媒体的定性指标包括接触关注度、干扰度、编辑环境、相关性、参与度；定量指标包括点击量、页面浏览量、网站排名、网页权重等。

定性指标

媒介成本是媒介选择中一项非常重要的硬性指标。不同的媒介成本价格自然不同，而同一媒介中不同的时段、不同的版面，其收费标准也不一样，所以会出现所谓电视节目"黄金时段"的说法。在媒介选择过程中，营销人员会发现可能同时有多个媒介适合用来传递品牌信息，但有些因为收费过高，企业不得不放弃，转而在众多适合的媒介中选择成本与预算较为贴近的媒介形式。

媒介的风格定位也是进行媒介选择时需要考虑的一个隐性因素。如今媒介也在进行品牌化经营，希望用独特的内容风格和形象来吸引目标受众，因此，即便是同类型的媒介，其风格和内容定位也会有差异，比如同样是报纸杂志之类的平面媒介，有的风格比较时尚，有的风格比较严谨，有的关注家常琐事，有的关注社会发展，等等；同样是省级卫视，有的卫视强调提供娱乐内容，有的卫视强调打造幸福感，因此，在进行媒介选择时也要考虑媒介风格定位与自身品牌特性及广告创意之间的匹配度。

媒介受众是媒介内容的视听众，也是品牌信息的传播对象。年龄、性别、民族、文化水平、信仰、社会地位等因素会直接影响到消费者对媒介的选择，换言之，不同的媒介会各自吸引一批相对稳定的、具有不同人口统计特征或不同生活方式和价值观的受众人群，因此，媒介购买需要通过调查，找出目标受众与产品目标消费者相匹配的媒介形式。例如，如果目标市场是18～25岁、拥有大学学历、喜欢户外运动的男性，那么选择的媒介其受众就必须与这些特征相匹配，于是New Balance就在《跑步者世界》这一杂志中的一篇关于跑步的文章附近投放了该品牌鞋子的广告。

网络媒体定性指标中的接触关注度是指消费者接触媒体的质量，基本假设为专心接触媒体的信息被记忆程度高于漫不经心接触媒体时信息被记忆的程度；干扰度是指消费者在接触媒介时受到其他广告干扰的程度。编辑环境是指媒体编辑内容对品牌及广告创意的适合度；相关性是指产品类别或创意内容与媒体本身在主题上的相关性；参与度是指消费者在接触到媒介信息之后的反应，比如消费者会通过做出转发、评论或者点赞等方式来参与媒介。

定量指标

到达率（Reach）表示在一个周期内（通常为四周），目标受众中接触过至少一次该媒介信息的人或者家庭的数量。

媒介覆盖率，是指媒介可能传播的地域范围和空间范围，及能够接触媒体信息的受众人数占全体人口的百分比。

收视率（Ratings）主要针对电视，是指某一时段内收看某电视频道（或某电视节目）的人数（或家户数）占电视观众总人数（或家户数）的百分比，有时候也指纸媒的读者人数。

总收视点（GRP-Gross Rating Points）也称为毛评点，是用来衡量一个媒介的影响力和强度，是在一定期间内媒介内容收视率的总和或到达率乘以平均接触率。广告总收视点的计算公式为：节目收视率×广告插播次数。如GRPs=收视率×频次（广告次数），如果GRP等于800则意味着在这个传播期内（一般是指一个月），目标市场看到广告的人次总共达到了800。

千人成本（Cost Per Thousand，CPM），是指媒介或广告到达1000个人所花费的成本。其计算公式为：CPM=媒介费用/总人数×1000。千人成本越低，则媒介或广告投放的成本效益越高。

每收视点成本（Cost Per Rating Point，CPRP）是指每得到一个收视百分点所需花费的成本。在投放评估中，每收视点成本是衡量一个栏目投放效益的重要指标。其计算公式为：CPRP = 媒介费用／媒介的收视率。每收视点成本聚焦在衡量一个公司或者品牌的目标市场对媒介接触的相对效能。某个媒介的所有受众并不都是一个公司或者品牌的目标市场，因此每收视点成本CPRP比千人成本CPM能更加准确地衡量广告活动的有效性。

网络媒体定量指标中的点击量是衡量网站流量的一个重要指标，指来访用户点击网页的次数；页面浏览量是指用户每次在网站上查看的页面数量，需要注意的是同一个人浏览网站的同一个页面，不重复计算页面浏览量；网站排名是指通过长期对互联网网络大量的数据统计与研究，而得到的关于每个网站在世界互联网网络中的综合排名和分类排名；网页权重是指搜索引擎用来标识网页等级的一种方法，网页权重值越高说明搜索引擎对该网址评级越高，网页权重值查询工具是网站运营人员和媒介购买人员了解网站质量的必备工具之一。

2. 媒介组合原则

不同类型的媒介渠道在执行传播功能时各有特色和优缺点，对受众的影响力也不一样，对于品牌来说选择合适的媒介组合方式非常重要。对不同类型的媒介进行综合比较，进行合理搭配运用，取长补短，这就是品牌传播中的媒介渠道优化组合问题。

两种或者多种媒介组合的影响要强于使用单一媒介手段，这种现象被称为媒介乘数效应。更多的消费者表示整合营销传播手段的使用，让他们对某一公司或品牌产生关注，在多种媒介中投放品牌信息能强化消费者对该品牌的联想，这也直接推动了产品的销售，找到有效的媒介组合方式是实现媒介乘数效应的关键。

媒介渠道组合的方式多种多样，既可以在同类媒介中进行组合，也可以用不同类型的媒介进行组合。整合传播中一般会以某个媒介为主,选择其他媒介形式进行配合,或者依据传播不同阶段的目标,选择不同媒介进行组合。不管怎样,最佳的媒介组合是通过使各种媒介相互协调、相互配合,以最小的投入获得最大的传播效果。

一般来说,在进行媒介组合时,需要遵循以下一些原则:

第一,媒介的组合应该有助于扩大品牌传播的受众总量。单一媒介的受众群体有限,不可能完全覆盖品牌传播的目标对象。没有被覆盖的那些传播对象或消费者,就需要通过选择其他媒介来达到,这是进行媒介组合最基本的原因。

第二,媒介组合应该有助于对品牌信息进行适当的重复。三次接触假说认为一种媒介或者一条广告要抓住受众的注意力,通常需要与消费者至少接触三次,而近因理论则认为如果媒介推广的某个品牌及产品正是受众所需要的,那么一次信息曝光就足够影响受众,不管怎样,都决定了企业需要不断通过多种媒介之间的配合使用来投放广告,以确保消费者在作出购买行动的时候能够看到广告。

第三,媒介组合应该有助于品牌信息的相互补充。不同的媒介具有不同的传播特性和时间特性,在媒介组合中,应使不同媒介传播的品牌信息互相搭配、互相补充。

第四,媒介组合应注意效益最大化。有些主流媒介,投放成本相对会更高,但也有其他一些媒介投放成本相对会低一些,应该在保证传播最佳效果的前提下,进行更丰富的和更多样化的媒介选择,并依据发布频率进行合理组合,从而使品牌传播在有限的成本预算下收获最大的传播效益。

图5-8展示了为某一信息选择最佳媒介的过程。针对特定的目标市场、产品和服务、信息内容,媒介专家能确定哪些媒介组合能带来最佳效果。

三、媒介排期的连续性

选择好适当的媒介之后,媒介策划人员就要决定每个媒介购买多少时间或单元,然后安排在消费者最有可能购买的时期发布广告。在传播活动中使用的广告曝光模式或者排期有时候称为持续性。有四种常见的曝光模式分别为连续性的、脉冲式的、起伏式和集中式。

连续性排期是指在整个活动期间持续发布,没有什么变动,这是建立持

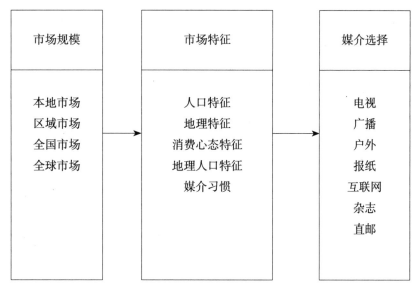

图5-8 制定合理的媒介组合方式

续性的最佳途径。这种方法的优点在于广告连续地出现在消费者面前，不断地累积广告效果。采用这种方式的产品主要有汽车、电视、房地产以及一些日常用品等，因为这些产品的使用没有时间性，一年四季都可能购买。

起伏式排期是有广告期和无广告期交替出现。这种间歇性排期比较适合于一年中需求波动较大的产品和服务。这种排期的优点在于可以依竞争需要，调整最有利的露出时机，可以集中火力以获得较大的有效到达率，机动且具有弹性。采用这种方式的产品和服务典型的有感冒药，因为这些产品我们在某个时段消费会锐减，所以广告费用可在这个时段降低许多。

脉冲式排期是广告主全年都维持较低的广告水平在不同的媒介上投放广告，但在销售高峰期或者一些重要的节假日时开始小规模的、短暂爆发式的增加广告数量以增强效果。采用这种方式的产品主要有软饮料、空调等产品，夏季消费量猛增，还有一些零售商，会在消费者最有可能作出购买行为的节假日附近增加信息投放。

集中式排期是指将广告安排在一个特定的时间段内集中投放，其他时间不安排投放。这种排期方法常在产品集中于某一季节或者节假日销售时使用。

四、另类媒介的运用

快餐品牌肯德基曾经向印第安纳州的两个城市捐赠了1.5万美元，让他们把山德士上校的脸绘在消防栓和灭火器上，作为其辣味鸡翅推广活动的一部分。随着人们对各种平面媒介广告、户外广告和电视广告产生审美疲劳，这些另类的媒介形式逐渐被开发并得到使用。营销专家也指出："人们往往对传统的媒介广告视而不见，会竭尽全力去避免广告，但在不同寻常的地方进行宣传，有时候能达到不错的效果。"

图5-9表明了一些常见的可以用来作为传播媒介的另类渠道方式，当然实践中类似这些另类媒介的媒介渠道形式更丰富多彩。

- 电影院
- 电子游戏
- 自动扶梯
- 飞机场
- 地铁
- 停车场
- 购物袋
- 衣服

图5-9 另类传播媒介

如今，大多数影院在电影正式播放之前都会播放商业广告，有些和电影内容相关，但有些则完全没有关系。电影院广告与新的电影预告片混杂在一起的时候，可能造成某种意义上的信息超载，但在影片正式播放之前的等待时间里，这些广告确实非常能吸引人们的注意力。影院媒介很少会成为一个整合传播的中心媒介，但是随着人们娱乐消费的蓬勃发展，进入影院观看电影的人越来越多，电影院成为接触消费者的一个非常好的媒介形式。同时，电影院作为一种媒介形式，其广告具有很强的冲击力、较高的到达率，且消费人群集中，这是相对于其他媒介所具有的独特优势。

电子游戏中的产品植入（In-Game advertising, 简称IGA）也是一种常见现象。产品可以作为游戏的一部分，或者直接植入到游戏当中，游戏中的广告具有产品植入和品牌化娱乐的各种优势。伴随着互联网长大的年轻一代与传统媒介的距离越来越远，对于这一群消费者来说，电子游戏中的广告有更大的吸引力。比如，王子饼干曾与儿童虚拟社区"奥比岛"进行IGA合作。奥比岛是我国用户量最大的儿童虚拟社区，奥比岛根据王子饼干的品牌故事推出了全新故事副本——王子星球，根据王子饼干原有品牌故事进行角色塑造、场景设计、玩法设定和任务更新，进行全面而系统的全面植入，让目标消费者可以通过角色扮演的方式对品牌进行全方位互动的深度体验。

除了上述介绍的影院和电子游戏之外，还有其他一些另类媒介的存在。在我们日常生活与出行的过程中，我们经常可以在地铁、停车场、楼梯台阶、电梯等公共设施和场所里看到品牌广告，甚至购物袋、衣服和餐厅菜单等物品也变成了品牌宣传的载体。这些另类媒介以消费者生活为中心进行创新设计，能有效地接触日常生活中的人们，在品牌传播过程中也能起到出其不意的效果，如图5-10所示。

图5-10 某咖啡品牌的户外广告

第六章 品牌传播受众

第一节 受众的概念及角色

一、受众的概念

受众（Audience）是传播学的基础概念，是指读者、听众和观众。传播学的创始人威尔伯·施拉姆（Wilbur Schramm）用信息的"接收人"（Receiver）来表示这个概念。到19世纪，随着书籍、期刊和报纸的大量发行，形成了一大批固定的读者，一些学者认为这些人便是现代意义的"受众"。

在大众传播研究的初期，受众这一概念是指位于线性讯息传播过程终端的、讯息的实际或计划的接收者。他们通常是新闻或娱乐媒介的付费公众、广告宣传的目标对象。当时的受众研究模式是刺激—反应论，也称为"魔弹论"或"皮下注射论"，该理论认为，传播媒介拥有不可抵抗的强大力量，它们所传递的信息在受传者身上就像子弹击中身体，药剂注入皮肤一样，可以引起直接快速的反应，大众媒介信息能够左右人们的态度和意见，甚至直接支配他们的行动。这一时期受众被看作机械的、被动的信息接收者。

这种理论流行于第一次世界大战至20世纪30年代，该理论过分夸大了大众媒介的影响力，忽视了受众对大众传播信息接收具有一定的自主权这一事实，受众是具有高度自觉的人，他们对信息不仅有所选择，而且还会自行决定取舍。对此，施拉姆在1971年曾说过："在刚刚过去的40年中,一般传播学理论中的最大变化是逐渐放弃了被动的受众思想,并以异常活跃、异常有选择的受众概念取而代之,是受众操纵着讯息,而不是被讯息所操纵,他们是传播过程中一个完美的合作者。"

品牌传播受众是指品牌信息传播过程中的接收者或对象。随着受众在传播过程中的角色变迁,以及品牌发展外部影响因素的复杂化,品牌传播的受众对象也延伸至所有与品牌相关的个体或者群体。

品牌传播过程实际上是与受众进行沟通、与受众发生互动作用的过程,它着眼于对受众的充分了解,把品牌诉求与受众需求和认知联系起来。任何有效的品牌传播都依赖于受众与品牌的互动,这种互动或者体现为交易的实现,或者体现为品牌美誉度的增长;一旦没有受众的参与、交流,品牌的传播行为都会变得毫无意义。

把品牌传播的对象表述为受众,强调的是传播对象对品牌的认可与接受,体现的是传播上的信息分享与平等沟通。通过经营与维护品牌与受众的长期关系来取得利润,这表明企业从单纯的利益关系向与受众及其他各方建立互惠互利的互赢传播模式转变。这一思想的关键在于,企业不仅要争取受众和创造交易,更重要的是建立长期的、互利的合作关系。

二、品牌传播受众的类型

品牌传播的受众对象主要分为三类:目标消费者、品牌的利益相关人、一般公众。

1. 目标消费者

首先来看第一类受众对象,即品牌的目标消费者。这里我们要明确一个问题:目标消费者是否等同于目标受众?

从学科归属来看,目标消费者是营销学的概念,是在进行品牌定位、形象确立及产品市场定位时所选定的目标群体,强调产品的购买、交易的达成及产品或服务的使用,重在体现企业营利性目标的实现;而目标受众是传播学的概念,是指通过媒介传递的信息最终想要到达和影响的群体,强调的是企业与传播对象之间的信息分享与平等沟通。因此,目标消费者和目标受众这两者并不是同一个概念。

但众所周知,与消费者达成交易是企业实现营利性目标的重要保证。只有那些很好地识别了消费者群体特征、消费者个体需求和需要的品牌传播活动,才能打动消费者,并对传播活动产生积极的反馈。由此可见,消费者作为重要的受众对象在品牌传播过程中的地位非常关键。由多样化的消费者所组成的受众是传播反馈的核心环节，品牌的传播效果通常也必须从消费者的反应中进行评价。绝大多数的品牌传播活动是以目标消费者作为受众对象的，很多时候这两个概念所指向的是同一群人，品牌传播策略的出发点就是将目标消费者作为受众对象，来制订整体的营销传播计划。

在我们的课程中，品牌传播的对象主要是指作为目标消费者的受众，这一受众群体的消费和信息接触特征我们接下来会做详细讲解。

2. 利益相关人

第二类受众是指除目标消费者之外的其他一些个人、群体和组织，他们是品牌发展过程中的伙伴——来自公司内部和外部的一些力量，品牌与这些伙伴一起共同为消费者创造和传递更多价值。重要的伙伴来自以下几个方面：

- 合作者，包括商业伙伴、供应商和分销商等。
- 官方，包括政府和市民团体。
- 股东或投资者。
- 内部员工。

通常以利益相关人来称呼他们，因为他们与企业及品牌发展有直接或间接的利益关系。供应商为公司提供生产产品和服务所需要的资源，供应商出现问题会严重影响品牌的营销传播活动，甚至对品牌资产造成损害。2014年上海福喜公司被曝使用过期劣质肉，作为麦当劳和肯德基等快餐品牌的供应商，事件发生后，麦当劳和肯德基受到沉重的打击，人们原本就对这些洋快餐品牌的食品安全持怀疑态度，在这种情况下，不光福喜公司自身被立案调查，麦当劳和肯德基等品牌也被相关部门约谈并限令整改。

如今的品牌管理者深刻意识到分销商和其他一些商业伙伴的重要性，不能仅仅将他们当作出售其产品的渠道商来看待，很多时候这些商业伙伴会成为品牌向消费者传递价值的关键环节。因此，当可口可乐签约成为诸如麦当劳或赛百味等快餐连锁企业的独家饮料供应商时，可口可乐品牌不仅提供软饮料，还保证给予强有力的、系统的营销传播支持，比如可口可乐会给合作餐厅设计菜单牌，研究何种排版、字体、大小、色彩和图案能刺激消费者，帮助餐厅销售更多的食物和饮料。

政府组织和市民团体会对品牌的产品安全、广告真实性以及其他市场营销决策产生质疑，并采取行动，企业应该及时与这些组织和群体沟通，让他们对品牌有更多了解，从而支持品牌的发展。

股东和投资者是品牌发展的资金支持力量，企业和品牌也需要与之加强沟通，传递积极的品牌信息以增加其投资信心。

内部员工——企业内部的所有团队，这些彼此关联的群体构成了品牌发展的内部环境。只有对品牌使命、目标、总体战略和策略有一致的认识，才能共同推动品牌的发展。如果员工对自己的公司和品牌感觉良好，其正面态度也会传递给外部公众。因此，星巴克推出"伙伴法则"，将所有员工都当做伙伴，帮助他们实现梦想。比如，星巴克推出"伙伴回家计划"，帮助员工在父母身边继续星巴克的职业生涯；举办一年一次的"中国伙伴家属论坛"，邀请员工家长参与，星巴克的全球CEO对该活动极为重视，每年都亲自参与并演讲，这些针对员工的活动成为讲述"星巴克故事"和构建星巴克"家文化"的重要传播渠道（图6-1）。

图6-1 星巴克的"伙伴法则"

3. 一般公众

第三类受众是一般公众，包括媒体公众和社会民众。媒体公众通过媒介资源控制着新闻、报道和社会评论，成为影响社会舆论的重要力量，也对品牌发展产生重要影响，品牌通常通过各种公共关系的手段来维系与媒体公众的关系。

公司也需要考虑一般社会民众对其产品或行为的态度，因为品牌在一般公众心目中的形象会影响人们的购买决策，特别是在类似中国这样的国家，人们的消费决策具有明显的从众心理，很多时候消费者的消费行为会受到周围各种群体压力的影响，因此，需要向一般公众进行传播以打造良好的商誉和口碑。比如奔驰轿车和宝马轿车，一般民众不一定会去购买和消费，但是当整个社会对这些品牌形成较高的认同感时，会对有购买实力的消费对象形成潜在的压力，推动其作出购买决策。品牌会通过参与社会公益和关注社会事件的方式在一般社会民众心中构建良好的品牌形象，这是企业的社会营销行为，体现了企业及其品牌的社会角色和社会责任感。

一般社会民众中也包含着品牌的潜在消费者，潜在消费者虽然不能在当下给品牌带来实际的利益，但如果在其心目中留下对品牌的好感，在未来的某个阶段，则有可能成为品牌的主力消费群。这也可以解释为什么万科会在许多大学里成立"万科俱乐部"，并积极赞助学生活动的原因，虽然大学生不具备现成的购房能力和需求，但随着他们在未来几年毕业走上工作岗位，并逐渐成长为社会的中坚力量，他们在结婚成家时必然会需要买房，这时万科凭借曾经在莘莘学子心中建立的好感和熟悉度，将会进入其品牌考虑范围之内。

三、受众在品牌传播中的角色

在品牌传播发展历程中，受众的角色也经历了从"被动的信息接收者"到"完美的合作者"的转变。我们可以用"单向度传播"和"双向度传播"来描述受众在品牌传播中的角色变化。"单向度"（one-dimensional）一词见于赫伯特·马尔库塞（Herbert Marcuse）的《单向度的人》，指的是发达工业社会里被全面统治的、批判意识消失殆尽的、缺乏合理批判社会能力的人。

1. 单向度传播中的受众角色

单向度的概念延伸到传播领域就是单向度传播，主要是指一种信息不对称的传播模式，信息单向流动，传受双方地位不平等，传播过程没有即时有效的信息反馈机制，传播的媒介形式主要是以传统的报纸、广播、电视和杂志等为代表。

单向度传播形态下品牌传播的目标主要是以广告的方式进行产品信息的传达。在现代广告发展历程中，不论广告创意方法发生多大变化，信息的构建依然是产品中心主义，由信源方（广告主和广告代理公司）耗费大量的人力物力制作完成，用作发布的是创意成品，广告信息的编码过程由广告主和广告代理公司合作完成，许多广告诉求无法做到对受众需求和生活状态的深刻洞察，自然也就无法引起受众的共鸣。

另外，受众一般通过强势的大媒体来接触信息、进行浏览，在信息接收过程中，呈现出一种被强制灌输、接受并作出购买反应的状态。在广告信息力求达成对受众影响的方面，单向度传播形态下广告传播目标的实现呈五级金字塔状，从塔底到塔尖分别是知晓、理解、信服、欲望和行动，与知晓的人数相比，最终被打动并产生行动的人非常少，所以会产生来自广告主的"我知道我的广告费有一半浪费了，但我不知道被浪费的是哪一半"这样的抱怨。整个传播过程中，品牌传播和受众对象之间呈现出非常典型的单向度特征，即在信息流上只有一个方向，受众被动接受而没有参与、互动与反抗。

2. 双向度传播中的受众角色

同单向度传播模式相对应，双向度传播指的是信息可以双向流动，传播过程拥有互动参与的渠道和平台，传受双方地位不平等的状况大大改观。双向度传播中社会话语权被分散、去中心化，受众不再是完全被动接受信息，而是在信息的选择，甚至是信息的构建过程中拥有更大的主动权。双向度传播主要基于随着计算机网络、多媒体和数字化技术发展而兴起的各类新媒介平台。与传统媒体的传者中心不同，新媒体传播模式下，传者逐渐隐去身份，成为一个个平台。大量的个体基于兴趣、人脉等关系形成一个个内容聚集地，在这个聚集地里，受众自己生产内容，在一个个圈子内进行交往，可以不通过传者，直接传播信息。在这种情况下，传者要赢得受众，必须要将受众纳入进来，作为内容的生产者和编辑者。

双向度传播形态下，品牌传播与受众对象的关系主要呈现出以下三个方面的特征：一是受众钟情于接触按照生活方式和价值观念细分的媒介形式，欲以单一信息轰炸所有受众的局面日渐式微；二是信息流上不再是单一流向，受众有了信息参与和反馈的渠道；三是受众不再是被动而轻信的信息接收者，而是有了更多怀疑和批判意识，在决策前会寻求更多元化的信息整合。

特征的第一点即"窄告"，一则广告信息力求到达和影响的只是一小部分精确定位的受众。窄告提高了信息传播的强度、力度和吸引力，解决了传统大众媒介在"分众""精确"上的不足，使信息同受众之间距离缩短，更有劝服力、沟通更有效。

特征第二点即"信息参与"和"互动"，传播创意充分考虑受众的体验和分享，投放的往往是创意半成品，需要消费者共同参与来完成信息建构,并且整个过程呈现出非常明显的娱乐化基调。比如,英国电信运营商T-Mobile在利物浦火车站推出"Life is for share(生命即分享)"的广告活动,几百名毫不知情的乘客和大批等车群众在创意方安排的舞者的带动下,在火车站中央集体起舞,场面壮观而充满乐趣,更有许多在场人士通过手机和相机拍摄视频上传到网上进行大规模宣传。整个活动在信息构建和传播方面充分体现了消费者参与和互动,同品牌倡导的理念高度吻合。此外还有在之前的章节中介绍过的澳大利亚昆士兰旅游局开展的"The best job of the world"品牌传播活动等,类似的案例不胜枚举。

特征第三点即消费决策前多元化的信息整合。受众通过某种媒介获得产品信息并产生兴趣后,会通过多种媒介渠道来主动寻求和验证信息,然后做出购买决定。并且有越来越多的用户在使用后会通过网络平台来发布自己的意见。

在双向度媒介形态下,品牌传播与受众之间是一种动态的、具有成长性的关系,受众通过传播参与、互动和分享成为信源的一部分,而作为信源主体的品牌公司和代理商则依据反馈和互动结果,通过信息再编码、话题制造和舆论调控来对受众进行潜移默化的影响。

从单向度传播向双向度传播的转变过程中,受众在品牌传播中的角色也发生了很大的变化,从传播的深度和广度来讲,品牌传播的过程同消费者受众的距离越来越近,品牌信息从力求影响最大范围的人群,到精准化的窄告,再到逐渐实现个人化和定制化服务的零距离状态;从传播信息流向上来讲,从单一流向发展到双向互动再到传受双方边界的消失;从信息构建的方式来讲,受众的主动性和中心地位逐渐增强,从最初完全被动接受品牌信息,演变到部分参与和主动寻求有效信息。

3. Web 2.0时代的受众角色

网络的普及使受众的主动性得到了淋漓尽致地发挥:在网络上受众不仅可以根据自身的需求来获得信息、享受娱乐,并且也可以发布信息、反馈意见,从受众角色转化为传播者的角色,这与传统媒体是截然不同的。

在 Web 2.0 时代,受众表达方式通过新的技术形式得到全面提升,个体在形成自己和他人的品牌体验中起到越来越重要的作用,主要体现为人们可以在博客、视频分享网站、社交媒体和其他数字论坛中自发地交换信息和看法,因此越来越多的企业邀请消费者参与产品和品牌的信息传播过程,并承担重要角色。

在这样的传播环境中,每个个体或者组织都能够拥有自己的言论发布平台，相对于严肃的媒体新闻，个性化的信息和观点更能激起受众的接受热情和愉悦感，每个人都能够找到并关注自己喜欢的微信公众号或者其他自媒体形式。无论是作为消费者还是作为公众，"受众"的概念如今已经不再由传媒工业和媒介单方面界定，传统的所谓被动的收听者、接收者或目标对象等典型的受众角色将会终止，取而代之的是信息搜寻者、咨询者、反馈者、对话者、合作者等各种新的受众角色。

传统的宣传式、说服式品牌传播风格将逐渐被摒弃，人们希望能够对和自己有关联的事物拥有发言和参与的权利。因此，营销传播者应该将自己定位为"沟通的一方"，重视新受众的主动性，随时为"沟通的另一方"创造参与和自我表达的机会，进行开放、平等、坦诚的沟通，构建品牌与新受众之间稳定而良好的互动关系。

第二节 受众的购买与消费行为

通常品牌传播会将目标消费者和潜在消费者作为主要的受众对象，在这一节里主要讲述消费者的购买与消费行为。通过对影响消费行为因素的分析，消费购买决策过程的分析，消费者信息接触的分析，理解消费者行为的特征，确保在消费决策和购买行为的每个阶段都能实施有效的品牌传播。

一、影响消费行为的因素

人们的购买行为主要会受到文化、社会、个人和心理因素的影响（图6-2），大多数情况下营销人员无法控制这些因素，但在营销传播过程中必须参考这些因素。

1. 个人因素

伴随年龄的增长，家庭成员个人可能经历众多事件，如结婚、生了、购房、孩子上学、个人收入改变、退休等，人们对食物、衣服、家具以及娱乐等各方面的消费品位都会发生变化。

一些知名的市场调研机构建立了针对消费者不同年龄和生命周期的数据库，如尼尔森的PRIZM生命阶段群系统（Nielsen PRIZM Life-stage Groups）。该系统将美国家庭分成了66个不同的生命阶段细分市场，再根据富裕程度、年龄和其他家庭特点将其分成了11个主要的生命阶段群。这

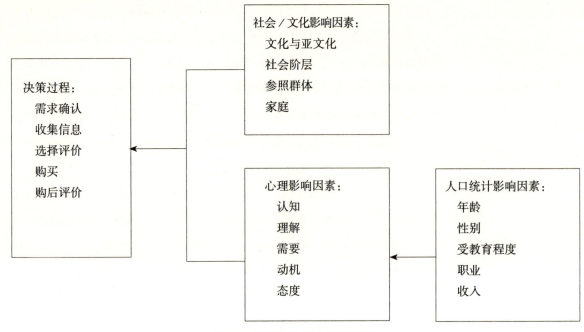

图6-2 购买决策行为的影响因素

种划分方式考虑了大量诸如年龄、受教育程度、收入、职业、家庭结构、种族和住房情况等人口统计因素,同时还有消费倾向、业余活动和媒体偏好等行为和生活方式因素。中国也有一些知名的调研机构,如零点有数公司(原零点调查公司)也基于消费者的年龄和生活方式做了大量针对不同细分市场(如"90后"群体)的调研工作。

凭借消费者年龄和生命阶段的数据,营销传播者可以了解人们如何消费、如何与品牌和周围的世界相处互动,以此来制定切实可行的、个性化的营销传播活动。

2. 心理因素

感知与认知、需求与动机、信念与态度等主要的心理因素会对个人的购买决策产生重要影响。

个人在任何时候都会有多方面的需要,有些是生理的,比如饥饿和不安;有些则是心理的,如获得认可、尊重或者归属等。当需要强烈到一定程度时,就变成一种动机,它促使人们去寻求获得满足的方式。通过对消费者的潜意识动机进行定性研究,能发掘消费者对品牌或者购买行为的潜在情感或者态度。比如一位中年男性购买宝马汽车可能是为了向人们展示自己的成功,但其潜在的动机也许是为了再次感觉年轻和自由的生活状态。

受动机的驱使人们就会采取行动。行动又受到个体感知和认知的影响。人们依靠视觉、听觉、嗅觉、触觉和味觉五种感官来感知身边的信息，并对信息进行选择、整理和理解，从而形成自己的认知和判断。感知与认知对理解消费者行为非常重要，比如消费者对产品设计、广告和店面布置等因素的感知和认知是否积极，会直接影响到消费决策。

信念和态度是个人对事物或观念所持有的相对稳定的评价、偏好和看法，会决定人们喜欢和接受某种事物的程度。如果某个相机购买者持有以下信念和态度："要买就买最好的""日本制造的电子产品是世界上最好的""创造性和自我表达是生活中最重要的事情"，那么尼康相机会成为该消费者的最佳选择。态度一旦形成就很难改变，因此对于品牌来说，营销传播计划应该尽量适合消费市场的既有态度，而不是试图改变。当然改变态度虽然困难，但不是完全不可能，风险越大，收获也可能越大，因为当改变成功之后，该品牌就成了某种新的信念和态度的引领者。

3. 社会与文化因素

文化是一个社会群体里大多数人共享的生活方式，通常包括用以指导消费者行为的价值观和习惯的总和，是引发个人意愿和行为的最根本原因。个人在成长过程中从家庭和其他重要的机构中学习基本的价值观和行为方式。生活在美国的孩子通常会受到下列价值观的影响：成就和成功、行动和参与、效率和实践、进取、努力、物质享受、个人主义、自由、人道主义、青春活力以及健身和健康等。在中国人的价值观中，则更加注重群体和集体主义、中庸和谐、成就和富贵、忠孝仁义等。

每个群体和社会都有自己的文化，不同的文化与价值观会对购买行为产生重要影响，这要求品牌管理者在跨文化传播中要针对当地市场采取合适的策略。万宝路香烟品牌在北美市场以"粗犷的牛仔形象"获得成功，但是当20世纪70年代进入香港时，其自由奔放的牛仔形象与香港社会普遍追求事业成功的价值观不符，于是万宝路通过系列品牌传播活动，针对香港打造了万宝路风度翩翩的绅士形象。

虽然消费文化的差异性存在，但是伴随全球化的进程，同一时期世界各国文化变化的共同点越来越多。例如，妇女运动首先是发生在欧洲与北美的一些国家，但是现在这种变化在全球各地都在上演，而变化的形式与要求几乎都是一样的，要求获得与男子一样的社会地位，要求丈夫分担家务，要求同工同酬的权利，要求在家庭之外建立个人尊严和影响等，这些变化也为品牌在世界各地的营销活动提供了同样的机会和相似的经验。如宝洁公司在"我的汰渍"传播活动中推出了一则广告，表现一位家庭煮夫爸爸用汰渍洗衣服；而通用磨坊公司的广告则表现了一位父亲早上将Go-Gurt酸奶放进为儿子准备的午餐之中，广告语说"称职的爸爸，用Go-Gurt"。

另一个共同点，就是物质第一主义，这是一种对财产的占有欲。在几十年前物质主义还是我们抨击的对象，但是现在作为消费社会的基础，物质主义已经成为整个社会的共识，人们将购物和对物质的占有看成是获得快乐、自我价值和自我认同的重要手段，是成功生活的象征。

除了文化和价值观之外，还有一些以民族、宗教、地理区域、年龄和性别为标准划分的亚文化群体也构成了重要的细分市场。不同的民族有其独特的风俗习惯和文化传统；不同的宗教群体，具有不同的文化倾向、习俗和禁忌；不同种族的人即使生活在同一国家甚至同一城市，也会有自己特殊的需求、爱好和购买习惯；不同年龄层的人，如少年儿童、青年人、中年人、老年人，在生理、心理状况和社会、家庭角色等方面都会不同。亚文化群体的文化价值观对消费者行为也会产生巨大而深远的影响。

社会阶层是一个社会中具有相同价值观念、兴趣和行为的，稳定而有序存在的组成部分，每个社会都存在社会阶层构成。同一个社会阶层中的成员具有相似的购买习惯，不同的社会阶层在服装、家居、休闲活动等日常消费领域都具有不同的产品和品牌偏好。

参照群体实际上是个体在形成其购买或消费决策时，用以作为参照、比较的个人或群体。参照群体最初是指家庭、朋友等与个体具有直接互动的群体，现在它也涵盖了与个体没有直接面对面接触但对个体行为会产生影响的个人和群体。参照群体所展示的行为和生活方式会影响到人们对产品和品牌的选择，若某个产品和品牌恰好被购买者所仰慕的人喜欢，那么参照群体的影响力就变得很大。

对于容易受到参照群体影响的产品，营销传播者应该明确如何找到参照群体的意见领袖，这些意见领袖通常拥有专业知识技能和其他典型特征而能够对他人产生影响，消费者会跟随这些意见领袖的看法。在社会化营销变得日益重要的今天，找到关键意见领袖（Key Opinion Leader，简称KOL），开展有针对性的营销传播非常关键。

二、消费购买决策行为过程

人们在购买商品时都会有一个决策过程，典型的消费购买决策过程一般包括以下几个方面：认识需求、收集信息、选择判断、购买决定、购后行动（图6-3）。

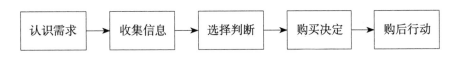

图6-3 消费者购买决策过程

1. 认识需求

认识需求是消费者购买决策过程的起点。当消费者在现实生活中感觉到实际生活状态与其需求之间有一定差距，并产生了要解决这一问题的要求时，购买决策便开始了。消费者需求的产生既可以是人体内机能的感受所引发，如因饥饿而引发食品购买需求、因口渴而引发饮料购买需求，又可以是由外部条件刺激所诱生，如电视广告或者与朋友的讨论等让你考虑是否要买一辆新车。有时候消费者的某种需求可能是内因和外因同时作用的结果。

2. 收集信息

当消费者产生了购买动机之后，便会开始进行与购买动机相关联的信息收集活动。如果想购买的物品就在附近，便会实施购买活动以满足需求。但是当所需购买的物品不易购到，或者说需求不能马上得到满足时，他便会把这种需求存入记忆中，并注意收集与需求相关的信息以便日后进行决策。

消费者信息的来源主要有四个方面：

- 个人来源，从家庭、亲友、邻居、同事等个人交往中获得信息；
- 商业来源，这是消费者信息的主要来源，包括广告、推销人员介绍、直邮、商品包装等，这一信息源是企业可以控制的；
- 公共来源，消费者从电视、广播、报纸杂志、网络等传播媒体所获得的信息；
- 经验来源，消费者在亲自接触、使用商品的过程中得到的信息。

上述四种信息来源中，商业来源是最重要最常见的来源。从消费者角度来看，商业来源的信息不仅具有通知的作用，而且具有针对性、可靠性，个人和经验来源只能起验证作用；而对企业来说，商业来源的信息是可以控制的。

3. 选择判断

当消费者从不同渠道获取到有关信息后，便对可供选择的品牌进行分析和比较，并作出评价，最后决定购买。

首先，分析产品属性。产品属性即产品能够满足消费者需要的特性。消费者一般将某一种产品看成一系列属性的集合。如照相机的产品属性包括照片清晰度、拍摄速度、体积大小、价格；电脑的产品属性包括信息存储量、图像显示能力、软件适用性。

其次，建立属性等级。消费者不一定对产品的所有属性都视为同等重要，他们会对产品有关属性赋予不同的重要性权数。

再次，确定品牌信念。消费者会根据各品牌的属性及其参数，建立起对各个品牌的不同信念，比如确认哪种品牌在哪一属性上占优势，在哪一属性上表现较差。如果某品牌的车在款式、油耗、保修服务和价格等重要属性上都表现最好，那无疑会成为消费者的首选，但很多时候每个品牌都会在不同属性上表现出较大的吸引力。

最后，作出评价。消费者从众多可供选择的品牌中，通过一定的评价方法，对各种品牌进行评价，形成对它们的态度和对某种品牌的偏好。如果有的消费者更重视汽车款式，就会购买自认为款式最好的那个品牌。但是大多数消费者会综合考虑几种因素，从而做出最终评价。

4. 购买决定

对某一品牌产生好感和购买意向并不意味着最终会购买，真正将购买意向转为购买行动，还会受到两个方面的影响：他人的态度、意外情况。

他人的态度。消费者的购买意图会因他人的态度而增强或减弱。一般来说，他人的态度越强、与消费者的关系越密切，影响就越大。例如，丈夫想买一个大屏幕的彩色电视机，而妻子坚决反对，丈夫就极有可能改变或放弃购买意图。如今消费者还会通过查看各种社交网站和口碑网站分享的用户评价信息来验证自己的购买决定，打造网络空间的品牌口碑也成为品牌传播管理的重要工作内容。

意外的情况。消费者购买意向的形成，总是与预期收入、预期价格和期望从产品中得到的利益等因素密切相关。当准备采取购买行动时，如果发生了一些意外的情况，比如因失业而减少收入，因产品涨价而无力购买，或者有其他更需要购买的东西等，都将会使他改变或放弃原有的购买意图。

5. 购后行动

消费者购买商品后，结合自己的使用和他人的评价，会对商品产生某种程度的满意或不满意。当他们感到十分不满意时，有可能退货、劝阻他人购买这种产品，当不满意得不到商家的有效回应时，消费者会通过各种渠道向更多人传递不愉快的购物体验，对品牌产生消极影响。因此，公司必须设计各种后营销计划或者建立和完善消费者投诉及处理的机制，降低不满意带来的不良影响。

研究和了解消费者的需要及其购买过程，是营销传播成功的基础。品牌管理者通过了解消费者如何经历引起需要、寻找信息、作出评价、决定购买和购后行为的全过程，可以获得许多有用的线索，在消费购买决策的不同阶段进行有针对性的传播沟通活动；通过了解购买过程的各种参与者及对购买行为的影响，就可以针对不同的受众市场制定有效的营销传播策略。

三、消费购买环境的发展趋势

影响消费行为的社会环境在持续不断地发生变化，有些变化趋势在全世界范围内都有所体现，这些变化趋势可能会令消费者的购买行为发生变化。

图6-4列出了影响消费购买行为的一些环境变化趋势，其中左侧显示的是社会整体环境发生的一些变化，右侧显示的是消费需求方面的一些新趋势。

- 模糊年龄
- 性别角色多样性
- 快节奏生活

- 休闲与娱乐
- 注重健康
- 个性化与体验

图6-4 消费购买环境的变化趋势

1. 模糊年龄

从年龄的角度来看，整个社会出现了明显的儿童早熟和成年人不愿长大现象。技术和社会结构的变化使得孩子的成长方式发生了很大改变。特别是20世纪90年代后出生的孩子，被称为互联网的原住民，从小伴随着网络、视频游戏、电影等信息轰炸长大，相比之前同年代的孩子，他们很早就对社会交往、性等有了更深入的认知，很多人认为孩子们普遍变得非常早熟。

同时，由于社会压力增大以及成长过程中被过分关爱（这一点在中国表现尤其明显），有一些成年人拒绝长大，在国外有一个专门的词语kid-adult来描述这些人，他们热衷于购买衣物饰品和玩具等，有些甚至看着专门设计给他们的卡通漫画书籍，他们的行为方式像青少年一样，购买的东西也会呈现出与年龄的不一致。这一趋势要求营销传播人员在制定策略时，要进行深入的洞察分析，使营销信息既能反映传统中年人的消费需求，也能关注到这些独特人群的心理特征和消费需求。

2. 性别多样性

传统男性和女性的角色、生活方式逐渐变得模糊。女性对自我的认知发生变化，不再将家庭作为生活的唯一，许多女性因为学习和事业推迟结婚的时间，也有一些主动选择单身，她们把重心放在事业或者自我发展、自我享受上。

与此同时，男性在家庭中的角色也发生了变化，许多男性帮助做家务，充当"奶爸"养育孩子，在家庭购物中也有更多参与，男性购买的日常用品占家庭日用品的38%。许多日用品企业及品牌以前的广告主要针对女性，现在他们开始考虑男性的购物行为，并将男性作为广告目标。

3. 快节奏生活

如今人们的生活节奏越变越快，很多人都会延长工作时间。人们既要追求更多的金钱和物质，也希望拥有更多的自由时间，因此人们一方面会利用碎片化时间来获取信息、休闲放松，以及进行社会交往，也会希望有更多的便利商品使自己能从日常事务中解放出来。

因此，移动终端的运用在人们生活中占据重要位置，越来越多的人利用通勤或者等待的空余时间用手机来购物、与他人保持联系等，这就使移动和社会化成为当今品牌传播的重要特征。

4. 休闲与娱乐

面对繁忙的工作和生活压力，人们会通过各种方式来犒赏自己，比如外出就餐、旅游，或者给自己购买一些力所能及的奢侈品，这些自我奖赏的方式让消费者以更积极和乐观的心态去面对工作与生活。

因此，许多品牌将营销传播的导向从产品功能转向了消费者价值，向消费者传达品牌的象征意义，主要包括品牌所代表的社会角色、地位、自我表现和自我奖赏等。

5. 注重健康

随着人口老龄化和生活压力的增大，人们对健康的需求日益增加，希望自己能保持更年轻的状态，人们会更关注营养、锻炼、健身和更安全健康的食品。

很多公司因此调整了自己的品牌发展战略，达能在2007年将饼干业务以53亿欧元的价格卖给了卡夫食品，在这之前达能有一个非常长的业务和产品名单，通过出售饼干业务，达能品牌把之前比较零散的业务整合聚焦在高附加值的健康产品上面，使品牌可以得到一个比较长期的发展。

6. 个性化与体验

数字化和互联网的发展赋予了个体消费者权力，由于个人主义的盛行，人们都试图远离大众市场而渴望更多的表达自我，希望在消费中能感受到品牌对个性化的尊重，并获得更多的消费体验。

个性化营销和体验营销成为广受关注的焦点。消费者希望得到娱乐，获得刺激和感动。品牌营销和传播活动不仅要突出产品的特性和利益，而且要将产品与某种独特有趣的体验联系起来，通过氛围营造、创造独特的生活方式、美学体验、文化体验、娱乐体验等手段，说明本品牌如何使客户的生活更加精彩。

个性化最直接的体现就是品牌为消费者定制产品和服务。产品的大规模定制，以及在得到消费者许可后才对其进行的许可营销传播活动，成为品牌建立顾客忠诚的重要方式。耐克的NIKEiD计划是大规模定制的典型代表（图6-5）。

图6-5 NIKEiD官方网站

新的社会和消费需求发展趋势需要营销管理者做出正确反应，首先要对各种社会发展趋势有准确的判断；其次要提供符合新兴社会价值观和生活方式的产品及服务；最后营销传播策略要合理，既要迎合新趋势，也要关注那些具有相对传统价值观的消费者。

第三节 受众的信息接触行为

一、受众的信息接触方式

人们的信息接触主要有两种方式：有意识、有目的的接触和无意识、无目的的接触。

1. 有意识的信息接触

有意识、有目的的接触是指消费者通过有目的导向的搜索行为来接触某些品牌信息。比如通过互联网进行关键词搜索，通过查阅报纸、杂志、电视、广播等大众媒介来进行信息检索，通过向销售点的销售人员进行咨询，通过与身边的朋友、家庭成员等交流来获取信息。

为了使有目的、有意识的接触更加容易，营销人员应该随时随地为人们提供适当的市场信息来方便其信息搜寻活动。例如，当人们进入某品牌的零售店铺时，要么是为了直接购买，要么是为了增加对产品的了解，但其信息接触的目标性都很明确，因此需要对销售终端的服务人员进行专门培训，使他们全面深入地了解产品或者品牌信息，掌握积极有效地沟通技巧，帮助消费者快速而便捷地获取信息。苹果公司的营销人员基本上都懂得计算机和网络技术，在人员的招聘上就有这方面的规定，公司还定期给营销人员进行业务培训，当顾客进入苹果零售商店时，营销人员能够很快给予技术或者产品方面的支持。

合理利用互联网建立品牌网站和品牌社区，对门户网站和相关行业网站进行搜索引擎优化是使有目的、有意识的信息接触变得高效的有力手段。

据统计，网站所有流量中近80%始于搜索引擎，因此品牌信息传播管理工作中的一个重要内容是确保当有人进行相关检索时，公司的名称或者品牌应该出现在搜索结果列表的前端。许多公司都在做搜索引擎优化的工作，以增加公司网站出现在信息搜索结果中的可能性。

搜索引擎优化主要可以通过三种方式实现。首先，当特定的产品或信息被检索时，一条付费嵌入搜索就会出现。公司可以通过在不同的搜索引擎上注册的方式使公司网站被索引而加速这一过程，也可以通过付出更高的费用来争取置顶位置。其次，公司也可以通过网站的自然呈现来增加自身的识别度。研究表明自然搜索列表的影响很大，出现在搜索结果列表首页或是前10位的网站，其访问量会增加9倍。当然，在自然搜索结果中被列在首位，需要公司付出时间和努力，通常初建的网站出现在搜索结果首位的可能性比较小。

2. 无意识的信息接触

相对而言，受众日常生活中的信息接触更多是无意识、无目的，比如传统的直邮广告（DM），会在人们根本没有意料到的情况下出现。当我们逛商场时，可能会无意中看到许多品牌推出了新产品和执行了新的促销活动，这些都是始料未及的。当人们在观看电视节目的时候也会突然遭遇插播的商业广告。

扩大或增加偶然接触的机会对于品牌传播来说非常重要。传统的营销方式将大部分精力都放在扩大消费者的偶然接触机会上，因为营销传播人员通常很难确定消费者会在何时何地进行商品信息的主动搜索，所以传统的传播方式通常是投入巨额的媒介费用，购买各种大众媒介形式进行全方位的覆盖。除此之外，还在公共汽车、出租车、地铁等交通工具上进行广告展示，在电影、电视和娱乐节目中进行品牌植入等，这都是确保扩大和增加消费者对信息偶然接触的机会。

如今人们对媒介信息的接触出现明显的移动化、碎片化特征，人们通过智能手机等移动端设备来获取信息，进行社会交往、购物或理财，一种被称为原生广告（Native Advertising，简称Native Ads）的广告方式获得极大发展。原生广告借助移动互联网的全面普及，以App为主要载体，将广告变成一条内容信息，隐身于网络用户日常所浏览的内容之中，借助大数据统计分析，筛选品牌的目标用户，将信息投给有需要的人，使偶然接触变得更精准、更有效（图6-6）。

与技术相结合也能使消费者对品牌信息的偶然接触途径变得极富想象力。美乃滋作为一种西式甜酱通常是涂在面包上吃的，为了增加产品销量，必须告诉人们美乃滋有更多的使用方法和使用场景，比如拌沙拉。营销传播人员将美乃滋甜酱和人们日常的超市购买行为相结合，当人们在超市购物时，通常不会单独购买美乃滋甜酱，而是会同时购买一些蔬菜和水果，最后收银单上会有消费者购买的物品列表，根据所购的食物清单，会

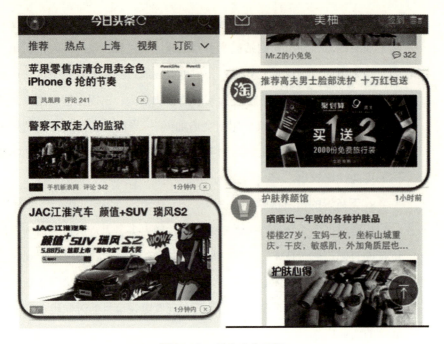

图6-6 App原生广告示例

生成一个跟美乃滋甜酱有关的菜单,这样菜单食谱的推送和实际的购买行为就联系起来了。对消费者来说,这样的信息接触虽然是无目的的,但是却非常容易接受和理解,同时也很容易转化为实际的消费行为。

3. 维持接触

维持接触即保留消费者对品牌信息接触的时间。维持接触可以从两个纬度来衡量,首先是单次接触持续的时间,以单次电视广告为例,要维持信息接触,要求广告信息不光要能到达观众,还要激发观众的兴趣,使其能在屏幕前待下去。这就要求广告和品牌传播要有好的创意和创意形式,能进行更精准的投放,成为消费者想要进一步去了解的信息。

其次是延续的接触机会与时间,也就是品牌传播的持续性问题,比如除广告之外,线下也要进行相关的宣传配合,要持续地进行信息传递,告知消费者品牌一直在你身边。从这一角度来看,微博、微信和品牌社区等自媒体或社交媒体平台是维持品牌信息接触非常廉价的工具,通过在这些平台进行持续的、有规律的信息推送,鼓励消费者参与,是维持消费者品牌接触的有效途径。

二、受众的信息处理过程

人们对信息的处理过程主要包括注意和理解两个方面。

1. 注意

不论是有意还是无意，在接触到产品信息之后，人们的注意与理解过程便开始了。

注意包含以下三个主要功能：首先，注意包含了选择性，是一个从众多信息中选择一部分而忽略其他部分信息的选择过程；其次，注意包含觉察和意识，注意一种信息通常意味着个体本身意识到了它的存在；最后，注意意味着紧张和激励，对于什么东西越紧张就越会投入更多的注意。

注意又分为潜意识注意和集中注意两种类型。潜意识注意是指较低意识的察觉，是一个自动的注意过程，只需要动用很少或者基本不需要动用认知能力，这种注意更多用于熟悉的、经常会遇到的信息和概念，对于受众来说，这种信息处理的过程只涉及较低程度的参与。国外某超级市场曾经在手推车上面比较醒目的地方放上一些小的商品信息或广告，但是调查发现，有超过40%的人并没有意识到他们曾经看到过这种广告，也就是说他们的注意没有超越潜意识的程度，就算广告在他们很容易接触的地方，他们有机会看到也并没有引起注意。

集中注意是指较高意识的觉察，是一个受个体控制的过程，人们需要使用一些认知能力去处理这一过程，更多用于新奇的、不寻常的、不常遇到的信息或者概念，涉及高等程度的参与。仍然以上述超市的手推车广告为例，在调查中另外60%的消费者达到了集中注意的程度，意识对信息接触做出了反应，并且在记忆中留下了印象。

以下三种因素会影响到人们对信息注意的程度：感知状态、参与、显著的营销因素。

感知是人们在接触事物时的一种心理反应，包括一般情感，如高兴或者生气等；特殊的感觉，如温暖、满足或者厌恶等；情绪，如紧张、平静、烦躁等。所谓感知状态，是指人们在接触信息时的一种心理反应。中国古诗里有"感时花溅泪，恨别鸟惊心"，体现的就是感知状态对人们信息接触和信息处理的影响，当心情不好时人更加容易消极，因为包含消极意义的信息更有可能会引起他们的注意。

参与是指人们意识到事物与自我之间的相关性，并通过感知和行为等方式与事物建立联系。对品牌信息的参与是指受众意识到品牌与自己的相关性，并通过相应的行为方式与品牌建立联系。通常人们对信息的参与程度越高，注意的集中度就越高；反之也成立。在新浪官方微博为代表的品牌社区中，用户会通过"点赞""评论"和"转发"的方式来进行传播的参与，并且通常用户"点赞"的数量最多，"评论"的数量最少，出现这种情况的原因在于微博中点赞行为不需要网友付出太多的时间和精力，参与程度较低，而转发和评论都需要消费者有更多的行为反应，特别是评论需要思考，是对品牌传播信息更高程度的参与，体现的也是更高程度的注意。

最后，显著的营销因素是指营销人员运用独特的营销策略，使品牌和产品在竞争环境中更加突出，如运用独特的包装使产品在货架上更容易被识别和被注意。

2. 理解

理解是一种特定的解释过程。对信息的理解是指将以符号为载体的信息还原为原有意义的过程。信息理解是受众的主观理解，具有选择性，即特定的受众将选择自己特定的理解，是受众对信息内容进行分析和综合的结果。对信息理解的程度总是以受众已有的知识结构为基础的，只有受众的知识结构与信息所反映的知识层次大体相当时，用户才能真正领会信息的实质。

我们可以从以下几个角度来具体地认识理解：

首先，理解的过程具有不同的自动程度。同注意类似，对于简单和熟悉的信息，理解更加趋于自动，我们看到熟悉的刺激，就会很自动地从记忆中激发它的相关信息；相反，对于比较生疏的刺激，往往需要有意识的思考和控制，因为缺乏记忆中知识的支撑，此时的理解更加趋于困难和不确定。

其次，对信息的理解水平会影响受众的认知。人们的理解水平一般沿着一种从"浅"入"深"的次序变化。从产品层次分类来讲，浅层次的理解通常趋于对具体的、可见水平上的、同产品具体属性相关的意义；而深层次的理解通常产生更抽象的意义、更多的主观性和符号概念。

再次，信息的精细程度决定了理解的复杂程度。精细程度越低，则产生的意念相对较少，理解过程要求很少的认知努力；精细程度越高，则理解的过程要求更高的认知努力和对思考过程的控制，同时也会产生更大数量的意义和更复杂的知识结构。此外，当理解处于较高精细程度时，信息用户或受众能产生推断，这种推断属于受众自己的解释，往往能超出所给定的信息。正是通过推断，受众将产品物理属性的意念与更抽象的产品功能利益和心理价值结果联系起来。

最后，需要注意，无论是信息的接触还是对信息的处理，受众都同时存在选择性特征，即选择性接触、选择性注意、选择性理解以及选择性记忆。人们在接触信息时，总是愿意接触那些与自己原有态度相一致的传播信息，进而避免接触与自己意见不相符合的传播信息；人们无法事先决定信息的内容，因此，总是倾向于关注信息中那些与自己固有观念、态度、行为相一致的，或是自己需要的、感兴趣的信息；人们的理解又受到愿望、需要、态度、动机及其他心理因素的影响，这就是选择性理解。人们往往把以往的看法当作常识，并根据常识去认识新的事物，做出新的判断，因此，以往的知识结构会深刻地影响受众对信息的接触和处理过程。

三、受众的信息反馈

反馈是指在信息传播过程中，受传者对收到的信息所作的反应。获得反馈讯息是传播活动发起者的意图和目的，发出反馈是受传者能动性的体现。

品牌传播的基本模式是首先作为信息传播者的品牌主和专业传播机构，进行品牌信息的编码工作，然后是各种传统及新媒介形式作为载体进行信息输出，最后作为品牌的消费者、顾客及各利益相关人的受众对信息进行解码和反馈。

受众对传播信息的反馈意见通常会直接或者间接地反映和表明其自身的信息接收动机和需求，表明他们对传播者及其所传递的信息的态度和评价，并为调整、修改当前或者未来的传播行为提出建议。因此，对于传播发起者来说，反馈能帮助检验和证实传播效果，并为传播者改进和优化下一步的传播活动提供方向。

在传统的单向广告传播模式中，商品信息通过大众媒介单向性的传播给消费者，此时的信息反馈主要体现为消费者接触了广告信息之后产生的直接购买或不购买的行为。以销售现场的消费者人数和实际销售量等数据作为反馈的表现形式。与这一反馈形式相匹配的是美国广告学家刘易斯在1898年提出的AIDMA消费者行为模式，即消费者从接触信息到进行最后反馈的整个行为过程，包括Attention（认知）、Interest（兴趣）、Desire（爱好）、Memory（记忆）、Action（购买）这五个阶段。

如今，随着网络技术和信息技术的发展，信息的传播过程发生了很大变化，以用户为中心的特征变得明显，受众的角色开始模糊，受众同时也是传播者，能够参与信息的制作，甚至成为传播活动的一个构成部分。受众在接触广告时也可以主动传达信息,他们能够利用各种媒体平台向其他参与者传递信息,在产生信息反馈后成为下一轮沟通的传播者,而最初的传播发起者在接收受众的反馈信息时则变成了新的受众,传受角色开始出现互换,品牌传播中传受双方的互动性开始体现出来。

基于这一新的传播反馈模式,2005年日本电通公司针对互联网与无线应用时代人们生活形态的变化,提出了一种全新的消费行为分析模型AISAS,即Attention(注意)、Interest(兴趣)、Search(搜索)、Action(行动)、Share(分享)。两个具备网络特质的"S"——Search(搜索)、Share(分享)的出现,指出了互联网时代下搜索(Search)和分享(Share)的重要性。在网络传播中,受众不是被动地接收信息,而是主动地发现信息、选择信息、处理信息,受众的分享是一种极为重要的反馈形式,受众分享的信息会成为后续消费者搜索的信息来源,广大互联网用户通过分享所构筑的网络口碑已经成为品牌及其营销传播管理不可忽视的重要力量(图6-7)。

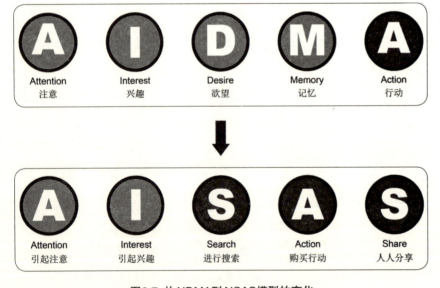

图6-7 从AIDMA到AISAS模型的变化

整合营销传播之父唐·舒尔茨指出:"我们现在进入一个广告和传播的新纪元:广告是受人尊重而不是施恩于人的;是寻求互动对话而非独白;是能引发回应但不是刻意安排,它谈的是共同利益的最高点。"

许多品牌的营销管理者会运用各种新媒体技术,以实现与消费者的即时对话,通过对消费及信息接触和反馈的行为数据分析,快速完成市场调查活动,并指导品牌传播的信息编码,选择更高效的互动方式,甚至基于受众的信息反馈来及时调整整个传播活动。及时而有效的反馈和互动使得信息传播的现场感更强,广告主可以和消费者共同参与传播活动,创造新的传播内容,这样的内容更加个性化且具有趣味性,不仅能提高产品的销量,同时也能建立并维系品牌和消费者之间良好的情感和价值沟通。

苏格兰威士忌品牌尊尼获加于2010年年底启动名为"语路计划"的品牌传播活动,活动计划旨在通过展示坚持梦想,在不同的人生角色中完成志向的代表人物的话语,鼓励人们思考并分享自己的激情和梦想,导演贾樟柯以监制身份与尊尼获加合作,挑选了6位新锐导演和被采访对象,共同完成了系列电影短片的拍摄,记录并呈现来自各个领域人物追逐梦想的故事和影响他人的话语。在活动执行过程中,广告传播公司利用大数据监测消费者在社交媒体上的热点话题讨论,每隔两三天就根据受众反馈创作出宣传海报,并在之后根据项目在社交媒体上的表现,不断做出新的创意,不仅使项目团队工作更高效,也能实现与受众的互动,使整个传播活动朝向更积极、更个性化和更有趣的方向推进。

第七章 数字化营销与品牌传播

自2012年起,耐克品牌经历了一次巨大的营销变革,公司将其在电视及平面广告等传统媒体的支出缩减了40%,转而将费用投入开展数字和社交化的营销与传播。

耐克利用诸如Facebook、YouTube、Twitter等国际知名的社交网络以及微博、微信等本地市场最受欢迎的社交平台,建立了各种类型的品牌社区,通过在社区中分享自己的跑步经历并通知好友,号召更多的人一起运动,这种社交圈自发组织的力量吸引更多的用户参与,这种营销传播方式奠定了耐克品牌"跑步、运动"的独特调性。

耐克在完成社交媒体营销传播布局的基础上,使用户行为、社交和数据相互作用,形成黏性,让用户完成在Nike+上的积累,实现线下和线上相互关联的格局。在国际市场,耐克很早就将自己的核心产品Nike+Running与Facebook和Twitter等社交产品打通,用户可以在运动结束后在社交媒体上分享自己的运动记录,甚至可以将现实生活中的跑步行为转化为直接的产品购买,比如它在Facebook上面创建了拍卖App,耐克把旗下的鞋款拿出来,供用户在上面出价竞拍,而竞拍的价钱是用户将自己在Nike+上积累的运动公里数折合而来的。在中国,耐克运用的网络社交媒体是新浪微博、QQ空间和微信公众号。以潘石屹为代表的众多国内知名人士都是Nike+Running的使用者,他们会频繁地在个人社交账号中晒出自己的跑步成绩,并通过自己的行为影响大批普通消费者参与。

对于耐克来说,在数字化营销上的投入,使品牌能够更了解用户,包括用户的运动频率、运动时间,以及位置信息等,这些数据当中又隐藏着极大的价值，可以指导代理商在运动人群相对集中的地区开设门店，或者在运动人群集中的区域定期举办促销活动，还可以记录大运动量的核心用户群体的跑步公里数，当达到一定里程后，为用户推送新鞋购置信息，实现广告和促销信息的精准投放。

2010年，耐克在Nike+社区及系列产品的基础上，成立了"耐克数码运动"（Nike Digital Sport）。数码运动部的工作除了研发各种设备和技术之外，还有一个核心的工作内容是通过掌握耐克消费者的各项数据，追踪消费者需求，创建和维护在线社区，以建立品牌与消费者之间前所未有的紧密联系。耐克的数字化营销传播不等于进行数字广告购买，或者将平面广告转变成Facebook页面展示，而是借助数字实现消费者与品牌的共鸣。

耐克的品牌传播从电视、平面等传统媒体转向Facebook、Twitter等平台，这是其传播策略转变中可见的部分，背后的意义在于数字化改变了品牌与消费者之间的关系。耐克品牌总裁特雷弗•爱德华兹（Trevor Edwards）在公开场合不止一次提到，数字化为耐克提供了一个"和消费者沟通并建立关系的新方式"。

数字技术的迅猛发展已经彻底改变了我们的社会交往、信息分享、娱乐和购物消费等生活方式。超过一半的人睡觉时把手机放在枕头边上，也就是说他们早上起床时最先拿起的是手机，晚上睡觉时最后放下的也是手机，这种现象在中国的年轻人群中尤其普遍。大量的社交媒体网站和移动应用软件受到网民追捧，这些给企业的品牌营销传播带来契机。运用网站、社交媒体、移动终端和应用、网络视频、电子邮件、博客和微博等自媒体工具，及其他一些数字平台进行数字化营销，几乎成为所有品牌日常营销行为中的重要内容，也是品牌营销战略的重要组成部分。

无论何种方式，数字化引发的深刻变革我们都有目共睹。这一章我们将重点讨论数字化营销战略中，品牌传播呈现出的四个重要发展趋势：社交化、移动化、消费者参与、大数据应用。

第一节 品牌传播的社交化

一、社交化传播平台布局

1. 社交化传播的定义

互联网和信息技术的应用越来越普遍，数字技术和设备的发展使各种商业社交媒体应运而生，社交化已经成为网络时代最主要的特征，信息传播、电子商务等各个领域都体现出明显的社交化特征。

从品牌传播的角度来看，社交化主要体现在对各种网络社交媒体的利用和网络虚拟社区的出现。社交化传播主要是指在社交媒体中进行的、具有社交属性的信息传播，其最大特点是以社交圈作为主要的传播路径，整个传播过程同时具有传播信息与社会交往的双重目的。

互联网中的社交圈一方面包括基于现实社会交往而建立起来的社交圈子，这种社交是以传统的亲缘、血缘、业缘、地缘等现实纽带集结的熟人社交；另一方面是指依靠网络媒体在互联网中建立的，以兴趣、爱好、专业、特长等为标准而集结的陌生人社交，这种社交凭借网络超越时间与空间的特性，能将散落在世界各地的、独立的互联网用户联结在一起，让具有不同地域属性、身份属性、兴趣爱好、生活方式的用户群，自主建立起不同的交互关系。

如今，几乎所有的互联网用户都会使用社交媒体。调查统计显示，中国社会化媒体的用户身份超过了8亿个，其中网络在线社区有1.03亿个，SNS社交网站有1.24亿个，博客2.44亿个，网络视频2.44亿个，即时通信2.44亿个，平均每个网民至少拥有2.59个社会化媒体用户身份。

品牌的社交化传播就是利用各种社交网站、在线社区、即时通信工具、博客、微博、视频社区、百科或者应用软件等媒体和平台来发布资讯，以实现产品销售、公共关系处理、建立并维系客户关系等品牌营销和管理的职能。从各类社交网站到App，多样而分散的社交媒体使品牌传播的渠道变得泛化，这些渠道为消费者提供了一个个可以聚集、交流、分享想法与信息的网络虚拟空间。

2. 社交平台布局的层次

哪里有消费者聚集，哪里就是营销传播的重要阵地，社交媒体网络已经成为大多数企业营销传播的一部分，基于不同社交媒体的功能和特性，许多企业和品牌已经建立了非常完善的社交化传播平台布局。

这种布局一般呈现为三个层次，第一层是企业官网群，主要是指企业的官方网站、官方微博、官方微信公众号，或者其他官方App。企业官网群通常是品牌信息的核心来源。以乐高为例，乐高的官网站群包括乐高官方网站、乐高俱乐部、乐高系列产品专属微型网站；乐高在社交网站有：乐高官方微博、Facebook主页、微信公众号、乐高星球大战粉丝团等；乐高官方论坛与社区群、粉丝交流群有：The Brothers Brick、My Lego

Network、Lego ideas，乐高甚至按年龄建设了类似博客的粉丝社区网站。

第二层称为自媒体圈，是指微博、微信公众号、论坛、社交网站等网络社交平台上的一些重要人物。这些人通常是某领域的专家或者社会知名人士，在网上拥有数量庞大的追随者和关注者——网络粉丝，他们是某个领域的舆论领袖，能够非正式地影响别人的态度或者一定程度上改变别人的行为。对于企业来说，自媒体圈的舆论领袖是一股不可忽视的力量，许多自媒体平台已经成为与品牌互动最为活跃的圈层，如中国知名的微信公众号"一条视频"，通过产出制作精美的短视频内容，吸引了众多追求生活品质的中高端用户关注，该公众号已经成为时尚美食、茶道、建筑、摄影和手工艺等领域诸多品牌的重要推广阵地。

第三层称为触点媒体层，品牌的相关信息最终通过诸多的触点媒体到达和影响广泛的消费者。触点媒体包括微博、博客、口碑网站、论坛、社交网站SNS、电子商务等渠道（图7-1）。

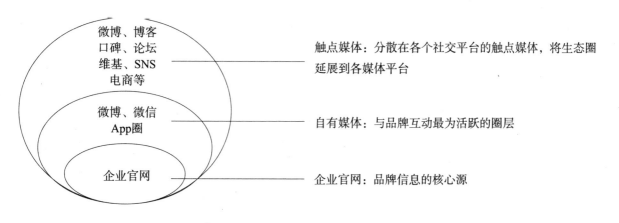

图7-1 企业社交平台的布局

二、利用社交媒体进行传播

对于品牌管理者来说，利用现有的社交媒体平台，是使品牌参与社交化传播比较简单易行的方式。绝大多数的品牌都在社交媒体上建立了自己的网页，新浪微博上的企业认证与机构账户达到53万多家，包括可口可乐、耐克、星巴克等国际知名品牌，甚至Jelly Belly这样的糖果品牌都会在官方网站上设置链接转向Pinterest、Facebook、YouTube、Google+、Instagram或其他社交媒体。社交媒体可以创造巨大的品牌社群，星巴克在新浪官方微博上的粉丝数量达到了127万，可口可乐在Facebook上的粉丝更是多达8000万。

在社交媒体上进行品牌传播往往不只是发布信息那么简单，绝大多数的大公司都精心策划社交媒体传播来支持其整体营销传播战略，让每个平台都具有不同的功能，承担不同的责任。星巴克在国外的社交媒体传播渠道主要以Facebook、YouTube等为主，在中国则以微博、人人网、微信公众号、Lofter等为主，其中微博主要是随时发布当季新品和推送关于星享卡的消息；微信公众号主要推送关于星巴克App的消息；Lofter则是星巴克生活文化的聚集地。星巴克管理着51个Facebook上的主页，以及31个Twitter的发布口、22个Instagram名录，另外还有众多Google+、Pinterest、YouTube等账户。通过管理和经营这些账户的信息传播，星巴克编织了一个与消费者之间交流互动的完美网络，消费者不需要到店铺，通过在线网络就可以实现与星巴克的互动，很多消费者甚至会习惯性地主动参与其社交化传播活动。

社交媒体针对性强且具有高度的个性化和互动特征，品牌营销管理者能够与消费者一起创作和分享定制化的品牌内容，也可以成功地发起与消费者之间的对话，讨论当下发生的社会事件，创造内容来吸引消费者参与，倾听消费者的意见。

2008年3月，星巴克推出了公司的第一个社会化媒体网站——我的星巴克点子（www.MyStarbucksIdea.com，MSI）。消费者可通过网站针对星巴克的产品和服务提出建议，也可以对别人的建议进行投票和讨论，星巴克还会实时公布对建议的反馈和采纳情况。6个月内，星巴克MSI网站共收到7.5万条建议，以及成千上万条评论和投票。对于星巴克来说，公司既从消费者处获得极有价值的创意和设想，又开发了新产品，改进了服务体验，提高了公司的整体经营情况。更为重要的是，星巴克通过MSI与消费者直接互动沟通，充分尊重消费者的主动权，建立了消费者对星巴克的归属感，提高了星巴克悉心倾听消费者心声的形象（图7-2）。

2012年8月28日，星巴克携手腾讯正式推出星巴克官方微信账号，为广大微信用户和星巴克粉丝创建一种全新的人际互动和交往方式。用户添加"星巴克"为好友后，用微信表情表达心情，星巴克就会根据用户发送的心情，用《自然醒》专辑中的音乐回应用户。星巴克在微信平台的这一活动成功实现了与消费者之间的温馨互动，给人们留下了深刻印象。

图7-2 My Starbucks Idea网站

除了创造网上互动和建立网络社群之外，星巴克也积极打通线上和线下之间的联结，将社交媒体上积累的良好用户体验和品牌口碑转化为门店客流量的增加。2013年，星巴克在美国市场推出了名为"Tweet-a-Coffee"（推了杯咖啡）的服务，允许消费者通过Twitter向朋友赠送价值5美元的电子咖啡券。想要参与此活动的网友，需要将星巴克账户信息同步到Twitter，然后在Twitter上发布以"@Tweet-a-Coffee TO @你朋友的Twitter账号"作前缀的推文；星巴克就会向他的朋友、家人、网友发送价值5美元的虚拟礼物卡，还可以在发送卡片的同时附上简短的讯息；对方收到卡片之后，就可以去品尝一杯香浓的咖啡（图7-3）。

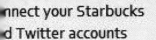

图7-3 "Tweet-a-Coffee"（推了杯咖啡）活动示意

三、虚拟品牌社区的传播策略

除了利用现有社交媒体之外，品牌参与社交化传播的另一个重要工作是建立虚拟的品牌社区。

美国学者凯文·莱恩·凯勒在其著作《战略品牌管理》中创建了基于顾客的品牌资产金字塔模型（CBBE），代表了品牌管理研究的最高成就。该模型最后聚焦于顾客与品牌建立的关系和认可水平，提出创建强势品牌的终极状态是达到消费者与品牌的共鸣，而构建品牌社区是达成品牌共鸣的重要体现。在2001年品牌社区的概念第一次被明确提出，有人将其定义为"建立在使用某一品牌的消费者间的一整套社会关系基础上的、一种专门化的、非地理意义上的社区"，之后又有众多专家学者对品牌社区建设最典型的实践案例哈雷摩托车俱乐部进行研究，进一步完善了品牌社区的理论。

虚拟品牌社区概念是伴随计算机网络技术的兴起，结合品牌社区及虚拟社区理论而产生。对虚拟品牌社区的研究最早出现在20世纪末，至今未形成统一的概念界定，但在营销实践领域，越来越多企业开始重视虚拟空间的品牌社区建设，一些著名品牌虚拟社区已经从简单的论坛上升到一个完善的产业环境，成为品牌传播和发展战略重要的组成部分。品牌虚拟社区一般存在于公司官方的网站、社交网站、博客、微博、微信公众号，以及官方应用软件App等网络空间。

从本质上看，虚拟品牌社区建设的目的主要体现在以下四种：商品交易、兴趣交流、提供幻想空间、建立关系。相关研究还可以发现，相对于传统的商品交易和促销目的，虚拟品牌社区建设的社交性目的更加凸显，绝大部分的虚拟品牌社区不以销售产品为目的，其主要内容是展现品牌信息、吸引消费者参与，以强化消费者的社区归属感，以建设品牌与消费者共有的社区。

从品牌传播的内容策略来看，虚拟品牌社区中通常提供种类丰富的品牌信息、视频、活动或者其他一些有利于建立紧密联系和促进消费者互动的特色内容。其目标不是单纯的交易，更像是建立并维系一种友情，因此，信息传播中品牌社会属性的展现非常重要。这便要求信息发布更应该倾向于社交化而不仅仅是商品交易或促销。传播学使用与满足论也能解释这一现象，相对于促销类信息，社交化信息的获取能给受众提供更多需求和欲望的满足，更能产生积极的情感体验和认同，这是促使他们关注和参与品牌的重要因素。

作为企业整合营销传播的重要组成部分，网络媒介平台的运用也必须强调投资回报率，与传统媒介工具注重到达率等指标相比，虚拟社区的投资回报率更注重消费者参与，即"参与为王"。对于品牌社区来讲，参与非常关键。通过网络社区与消费者建立关系是虚拟品牌社区建设的主要目标，而参与是消费者与品牌建立关系的第一步，通过参与可以促进品牌发展，保护品牌，甚至使品牌变得更加美好。虚拟品牌社区中消费者参与通常可以用以下指标来衡量：评论的数量、活跃用户数、表达"喜欢"意愿的数量、用户产生的信息量、应用程序或插件的使用数量等。比如在新浪官方微博的品牌社区中，消费者对微博的参与通过以下几种回应方式来体现：收藏、转发、评论、点赞。

最后，虚拟品牌社区中社交型信息比促销型信息更能引起消费者的参与。社交型信息的最大特征是品牌的拟人化，即赋予品牌人类的感知特征，杜蕾斯在新浪官方微博中将自己称呼为"小杜杜"，而可口可乐将自己称呼为"小可"都是品牌拟人化最直接的体现。其次是让品牌与粉丝和消费者如同朋友一般对话，比如，传递来自品牌的问候和祝福，与消费者分享心情和体验，发表对某些事情的理解和感触，以及设置问题让消费者一起讨论等，这些内容都具有明显的社交化特征。可口可乐几乎每天都会发布常规的"晨安"话题，结合当日具体情况发起一些讨论，甚至会讨论如何运用一瓶健怡可口可乐帮助女生化出完美妆容。

第二节 品牌传播的移动化

一、品牌传播的移动化趋势

2016年1月，中国互联网络信息中心（CNNIC）发布第37次《中国互联网络发展状况统计报告》（以下简称《报告》）。《报告》显示，截至2015年12月，中国网民规模达6.88亿，互联网普及率达到50.3%，半数中国人已接入互联网。其中手机网民规模达6.20亿人，有90.1%的网民通过手机上网，只使用手机上网的网民达到1.27亿人，占整体网民规模的18.5%。网民的上网设备正在向手机端集中，手机成为拉动网民规模增长的主要因素。这种将互联网的技术、平台、商业模式和应用与移动通信技术相结合的实践活动称为移动互联网。

随着以3G、4G为代表的，不断更新的高速移动通信网络技术的发展，以及智能手机的普及，智能手机成为移动互联网的重要入口。大多数人喜欢用手机，并且严重依赖手机。有研究表明，近90%的智能手机用户只有在不用手机的时候，才会使用其他诸如计算机、电视等设备。如今人们生活节奏越来越快，日常通勤和出差时间增多，移动终端填充了人们大量的碎片化时间。虽然用户登录互联网的时间越来越碎片化，但借助以智能手机为主的终端设备的使用，人们接触网络的时间实质上被延长了。

通过移动设备向消费者传递品牌信息、促销信息或其他互动内容的传播方式称为移动营销传播。随着移动互联网领域的不断拓展，移动传播将不仅仅局限于手机、平板电脑，一些可穿戴设备如智能手表、运动腕带，以及虚拟现实的设备等也会与互联网实现联结，成为未来移动传播的重要终端。与传统的必须在客厅、卧室、办公室等固定地点接收信息的传播形式相比，移动传播的信息发布更加灵活，与接收行为之间的时间差变小，能做到即时发布、即时接收，这些特点为品牌在移动互联网平台创造了更多营销传播的机会。

调查显示，虽然多达83%的受众认为手机广告比电视、电脑广告更加具有干扰性，但为了获取免费内容资源，76%的受众仍然愿意做出妥协收看手机广告。过去受制于手机屏幕相对较小、展示空间有限等原因，手机广告的价值没有得到充分挖掘，直到移动类App的普及和大数据技术的成熟，以信息流广告为代表的各种原生广告将品牌信息与用户的互联网使用方式相结合，在信息流里发布具有相关性的内容，为用户提供有价值的内容，让用户能自然地接受信息。因此，手机广告的价值将不再以尺寸和展示空间计算，在技术和数据的支撑下，广告创意和内容的相关性将成为重点，品牌理念和广告内容将实现高度融合。

二、移动化传播的特性

对于消费者来说，一部智能手机或平板电脑就是一个便利的获取信息及购物的工具，人们通过移动广告、优惠券、短信、移动应用和移动端网站等工具来获取最新的产品信息、价格信息、消费者评论等内容。智能手机随身携带、精准定位、在线时间长，而且高度个人化，成为消费行为过程中最便利的工具。

品牌的移动营销传播获得快速增长的主要原因在于移动终端拥有一些特性和优势。

首先，是移动平台和产品的多样化。移动互联网的发展充分考虑到了用户多样化的需求，这使移动互联网的产品系列越来越多，主要包括以社交网站、微博、微信、QQ、社交游戏为代表的移动社交类产品；以手机报、手机搜索等为代表的信息咨讯类；以手机电视、手机音乐、手机阅读、图片分享网站、视频分享网站为代表的休闲娱乐类；以大众点评网站、购物分享网站、手机团购、手机旅游预订、票务预订、手机支付、移动商城等为代表的移动电商类。这些多样化的产品在满足消费者需求的同时，也为品牌与消费者之间的信息沟通提供了更丰富、更便捷的渠道。

其次，是信息传播的个性化。移动互联网终端属于个人沟通工具，人们几乎随身携带，因此移动广告可以随时随地到达用户。从应用及服务的角度来说，每个用户使用的移动终端不同，登录账号也不同，服务器可以根据监测到的具体用户信息，提供有针对性的产品或服务，例如基于位置服务（Location Based Service，简称LBS）的运用就很有代表性。2014年9月，麦当劳携手百度地图发起"樱花甜筒跑酷0元抢"活动，百度地图结合LBS大数据分析和智能推送技术，对麦当劳甜品站周边三公里的用户进行匹配，向挑选出的部分目标消费者推送了"樱花甜筒跑酷0元抢"的优惠信息，消费者接收到信息后可选择参与该活动。

再次，是信息传播的碎片化。使用移动端接入互联网的典型特征就是时间利用的碎片化和资源获取的碎片化。如今，在地铁或者公交车上，甚至在饭桌上，短暂的时间里都会有许多人拿出手机来看新闻、玩游戏、看微博、翻阅QQ空间或者微信朋友圈的好友动态。据调查，人们平均每天会查看150次手机，大约每6.5分钟1次，每天花费58分钟用智能手机聊天、分享信息和浏览网页，这种碎片化的时间利用使信息获取和体验也呈现碎片化。

最后，是传播过程的互动性。一是品牌与消费者之间的互动，消费者可以通过电话、短信、E-mail、评论等方式对广告信息进行反馈，或根据自身需求进行进一步的信息获取。调查显示，49%的手机用户在看到一则手机广告后会搜索更多与广告内容相关的信息。二是消费者与消费者之间的互动，如今许多信息内容都设置了链接，可以便捷地将信息发送至微博、微信或者QQ上的好友，而接收者也可以将信息转发给更多人，这样的分享具有病毒传播的特点，能扩大传播的影响力。从消费者的角度来看，接收到来自朋友的商品信息，往往会比来自企业的宣传有更高的可信度。

三、品牌移动传播策略

全球知名市场研究机构eMarketer提供的数据表明，2014年中国移动广告市场规模较一年前增长超过3倍达到82.1亿美元，2015年达到147.7亿美元，是eMarketer跟踪的国家中增幅最大的。据其预测，2016年中国移动广告市场规模将超过PC互联网广告市场。

移动互联网的运用，能帮助品牌实现市场推广、销售增长、品牌建设、客户关系管理等众多目标。通过星巴克的微信公众号，消费者能寻找到最近的星巴克门店，了解新产品或者优惠信息，完成购买和支付，还可以深入了解星巴克的咖啡文化。"星巴克中国"App是一个即时分享的社区，囊括了GPS定位、绑定星享俱乐部、记录咖啡心情、产品查询和同步社交网络等功能。众多成功案例告诉我们，品牌的移动传播要取得好的效果需要注重传播策略。

1. 要在传播过程中创造与消费者的互动

互动是移动互联网传播的重要特征，也是检测传播效果最直接的评判标准。富媒体移动广告能有效地创造互动。作为捷蓝航空公司"飞行中的人性"运动的一部分，该公司在移动横幅广告中发布了一则声控广告，鼓励消费者点击广告以学习和模拟鸽子怎么讲话，只要说出两句完整的鸽语，就可以获得虚拟奖牌。该广告不是直接地推销机票，而是希望消费者"与鸽子玩耍，在以后想订机票的时候会想起捷蓝航空"。富媒体广告还可以利用HTML5和JavaScript等技术结合手机使用的一些特性，比如摇一摇、重力加速器等，增强广告的互动性和生动感。比如通过富媒体展示某汽车广告时，汽车可以进行立体的360度旋转展现，当消费者用手指触摸车门时，可打开车门看到汽车的内部设计，这种传播方式使互动体验更加生动和丰富。

此外，通过设置娱乐或游戏的方式能使传播更具有乐趣。2014年，优衣库在日本推出全新应用UTme!，在该应用中用户可以DIY一件独一无二的UT（UT是优衣库印花T恤的专有称呼）。在UTme!应用中，除了提供通常的裁剪工具，它利用Android和iPhone智能手机内建的运动传感器，用户摇一摇手机就可制造出渲染、马赛克等不同效果，为设计图添加各种特性，让普通的设计变得生动。上传设计图之后，用户可以花费约合人民币120元购买到最终的T恤成品。通过DIY让每位消费者都能表现自我个性，同时将执行方式与艺术、音乐、电影等元素相结合，强化了优衣库关注时尚的品牌调性（图7-4）。

图7-4 优衣库UTme!应用界面

2. 将体验转化为行动

对于许多消费品品牌来说，更希望移动传播在丰富消费者体验的同时，将体验和互动转化为购买。对此有专家说道："移动广告旨在即刻定位，随时随地，不论是进行移动搜索，还是在店内做出购买决定。"

2012年，星巴克在中国推出"早安闹钟"的App，用户下载星巴克中国App，设定起床闹铃（最晚为上午9点）。在闹铃响起后用户只需要按照提示点击起床按钮，就可以得到一颗星，如果在一个小时内走进任意一家星巴克门店，就能在购买正价咖啡的同时享受早餐新品半价优惠。对消费者来说，这款移动应用既好玩又实用；对品牌来说，该应用既表达了品牌与消费者建立联系的愿景，也实现了销售增长（图7-5）。

要将移动营销传播有效地转化为产品购买，在体验过程中给予一定的奖励或者优惠非常重要。调查发现，76%的移动用户对优惠券奖励很感兴趣，这是吸引他们参与传播活动的重要因素。2010年，刚刚登陆中国的快餐品牌赛百味为了唤起一线城市年轻族群和办公室白领的注意，并将注意

图7-5 星巴克App"早安闹钟"活动界面

转化为实际销售,曾经做了一个iPhone游戏程序——"倔强的摩托",用户可以在摩托上大展身手尽情驾驭,每次驾驭的摩托难度系数越高,越多技巧表现,得到的折扣和奖励就越大。结果有一段时间在赛百味排队的人都是拿着手机去的,因为他们都有优惠券,两周之内8000多张优惠券就被消费者瓜分一空。

3. 要注意信息与场景的结合

与PC端相比,移动端的一大优势就是解放了用户的场景限制,用户可以在电影院、图书馆、酒店,甚至马路上随时上网浏览信息。解放场景意味着扩大了营销传播的边界,增加传播渠道整合的可能性,但同时也对信息是否与消费者对场景的感知相符提出了更高要求。

移动传播的场景化要求营销管理者针对不同的时间、地点、场景,呈现给消费者不同的品牌信息和内容。麦当劳曾经在马来西亚开展了一次有趣的解暑活动,活动选择一个开阔的场景,比如人来人往的市中心十字路口,找一个巨大的多媒体广告牌,只要用户操作手机,快速滑动屏幕就可联动广告牌上的风扇,为麦当劳的甜筒君解暑,这一活动吸引大量用户参加,因为参与的人可以免费获得甜筒一份。

Obra Do Berco是巴西的一个公益组织,致力于贫困儿童救助工作。该组织发现在巴西街头有许多孩子在红绿灯前向等待的车主们乞讨、索要"捐款",但很多时候车主没法判断这些人是骗子还是真的需要帮助,并且这种乞讨方式存在很多不安全的隐患,所以对乞讨的孩子们车主一般都会拒绝、不予理睬,对于真正贫困的孩子来说,就得不到有效的帮助。于是该公益组织在乞讨人员经常出没的红绿灯处安装区域短信装置,当汽车停在红绿灯时,就会触发装置向车主的手机发送捐款广告:我们是某某组织,您的捐款将得到有效的使用,点击链接进行捐款……(图7-6)

图7-6 Obra Do Berco救助工作示意图

4. 注重传播内容的建设

同传统营销传播一样,大多数消费者也不希望被频繁的手机广告打扰,所以营销管理者必须找到合适的方式进行传播以吸引手机用户的关注,最关键的是提供给人们真正有用的信息,使他们喜欢并能方便地参与。调查发现,70%的消费者更喜欢通过微博、微信上面的一篇文章而不是广告来了解某公司或者某品牌。可以说,正是这种令人信服的"内容信息"吸引了消费者,建立了消费者与品牌之间的关系,以及更多的消费者与消费者之间的联系,最终促使他们购买产品。

对于营销管理者来讲,应该积极开发一些适用于在手机或者平板电脑上发布的视频内容、平面的品牌信息和图片,或者是号召消费者参与互动的活动等,推动这些内容在各种沟通渠道之间协同传播,帮助品牌在消费者生活中创造更多价值。

飞利浦做了一个名为"空气监测站"的App,这是一款生活实用类软件,能够帮助测量室内的空气质量,实时告知当前空气质量概况,并提供详细的改善建议以确保家人健康。并且所有的城市空气质量信息均可以一键分享到新浪及腾讯微博平台,让亲朋好友都能及时获取准确的、贴心的健康提示。点击任意城市空气状况页面上的底部按钮,都可方便地链接至"飞利浦空气健康提示"页面,详细了解飞利浦空气净化器对空气污染的有效解决方案。该App成功地将传统的广告推广转化为对消费者来说有价值的内容信息,让消费者有意愿进行主动传播。

第三节 品牌传播中的消费者参与

一、消费者参与传播的重要性

在过去的几十年间,品牌营销传播工作的方式已经发展得非常成熟和固定。当品牌需要进行传播和推广的时候,品牌管理团队会和选择好的品牌代理商一起探讨品牌传播目标,并进行创意策略和媒介策略的制定,然后设计制作并通过媒介投放产出的作品,同时会进行一些基本的促销或者新闻发布会来吸引消费者的关注。

然而,这样的工作方式正逐渐被颠覆。在品牌的营销传播过程中,消费者的主动性和中心地位逐渐增强,从最初完全被动接受品牌信息,演变到主动寻求信息甚至参与整个传播活动。如今有越来越多的公司在传播中将消费者纳入进来,参与建构整个品牌传播的过程,有些甚至承担非常重要的角色。

"品牌不仅属于企业,也属于消费者",这一理念在今天被进一步证实。同消费者之间保持平等对话,让消费者参与传播内容的建设和传播过程的执行,逐渐成为各企业的共识。几方面的原因共同作用促成了这一现象的产生。

首先,是人们消费观念的变化。有学者将人类社会的经济发展分为产品经济时代、体验经济时代和知识经济时代三个阶段,产品经济时代消费者注重的是产品的功能性,体现为功能式消费;体验经济时代消费者注重的是产品及服务带来的体验,体现为体验式消费;知识经济时代人们注重的是消费中的创意、参与和自我发展,体现为参与式消费。当下我们正处于知识经济时代,消费者参与几乎渗透到品牌价值创造的所有环节,在营销传播环节体现得尤为明显。

其次,品牌资产建设重心的变化。在品牌资产金字塔中,位于塔尖的是要寻求品牌与消费者的共鸣,这是品牌建设的终极目标和要求,消费者的参与是共鸣的重要体现。共鸣的表现之一是消费者愿意自发地投入时间、精力和金钱来参与品牌的一些事件及活动。

如今,许多品牌已经进入成熟期,品牌资产建设的重心也逐渐转向金字塔的顶端,这也必然对品牌的营销传播工作产生重要影响。若想让品牌进入消费者心里,就需要让他们心甘情愿变成一个主动发言人,这就是参与式传播的要义。

最后，媒介格局发生了变化，消费者权力增大。传统大众媒体不再是信息的唯一制造者和传播者，以往由品牌和媒体主导消费行为、控制品牌认知和传播资源的时代已经一去不返。消费者凭借各种自身主导的媒介形式，如博客、社交媒体、网站论坛、视频共享网站等，成为传播中的重要角色。他们不再是传播的终点，而是传播过程中的一个节点，在众多的品牌传播活动中，消费者既是信息的接收者，也是信息的传播者和制造者，在自身和他人品牌体验的形成过程中产生重要作用。

二、消费者参与传播的方式

1. 消费者参与内容创意

许多品牌管理者和代理公司会想方设法从消费者那里获取传播内容的灵感，有时候会鼓励消费者自己创作广告，有时候会发动消费者提供意见和建议。许多成功的案例表明，消费者贡献的内容创意有时候会产生出色的效果，并且与整个品牌传播活动相配合，产生良好的传播效果。

百事公司多力多滋品牌每年都举办"冲击超级碗挑战赛"活动，该活动邀请消费者创作与多力多滋三角形玉米片有关的30秒视频广告，优胜者可以获得大笔现金奖励，并在超级碗联赛中发布。18岁的学生尼克·黑利是苹果电脑的忠实粉丝，他曾经为苹果公司的iPod touch制作了一条广告，上传到YouTube后在五星的评级中获得了四星，并得到了许多消费者积极的回应，随后被苹果公司的广告代理商发现，他们为黑利制作了一个高画质的版本进行投放。

2013年11月，杜蕾斯品牌通过调查发现"性"这个话题在当下的中国仍难以启齿，民众没有树立起积极健康的性观念，许多大学生由于不注重性安全而感染艾滋病。考虑到话题与产品特性的吻合，杜蕾斯发起了"大胆谈性，求保护""最粉丝"等声势浩大的线上讨论，鼓励大家"大胆谈性"，把现实生活中对于性的疑惑、误区聊出来。

杜蕾斯选择在拥有广泛粉丝群体的官方微博上发布了开放式话题讨论，以生动有趣的与性有关的数字图片引发粉丝广泛参与。同时在人人网发布了诸多的投票和针对学生人群的话题讨论，并将微博平台收集到的典型评论观点集合成日志进行二次传播；杜蕾斯的微信平台则开展了语音观点征集，筛选出有代表性的内容与粉丝分享；最后，易信作为新晋的社交平台，则发布相应话题的线下采访录音。

杜蕾斯还借助电影《北京爱情故事》的上映，在微博上发起了移动小酒馆活动。该活动将一辆房车改造成一个心声小酒馆在城市中穿梭，每位情侣都可以上车喝酒，但必须讲出自己的爱情故事。该活动也在微博与微信上同时进行，杜蕾斯号召粉丝讲出自己的故事。最终，杜蕾斯除了在社交网络上分享这些爱情故事之外，还做出了一部由讲故事的粉丝主演的爱情故事微电影，这种让粉丝成为主角的参与方式真正实现了让用户成为品牌代言人的目标（图7-7）。

图7-7 杜蕾斯"大胆谈性"系列消费者参与传播活动

2. 消费者参与活动执行

在另一些成功的消费者参与传播案例中，品牌管理者或者品牌代理公司会预先策划好整体的营销传播活动流程，然后让消费者充当媒介进行活动的信息扩散，或者推进活动执行。

2013年12月底，肯德基在全国范围内进行了一次大规模的"炸鸡大PK"品牌传播活动。肯德基邀请了陈坤和柯震东分别来为"吮指原味鸡"和"黄金脆皮鸡"两个产品做代言。在持续八周的"炸鸡大PK"活动中，消费者可以通过官方微博或肯德基线上投票平台为自己支持的明星和产品投票，最终的投票结果将成为决定这两款产品去留的重要参考因素。

两款炸鸡明星代言人当时恰好与两款产品的特质及其在品牌中的位置相对应，同时吸引"80后"和"90后"两个不同的粉丝群体。

最终活动吸引了全国170万肯德基粉丝参与投票，两大粉丝阵营在微博上进行激烈讨论，对活动进行宣传扩散，并引爆微博"口水战"，共产生220万条相关话题。肯德基还根据目标用户在社交平台的浏览轨迹和内容偏好，利用明星号召影响力，将用户喜好转向产品，进行全程投票，这些帮助肯德基找到了真实的消费人群，成功获取消费者的真实口味偏好，拉动新品炸鸡的销量。

3. 消费者参与评论

评论是消费者对品牌体验的自我阐述和表达。传统的评论通常发生在产品消费之后，当感觉满意或者不满意的时候，消费者会对周边的亲戚朋友进行产品评价，来表达自己的态度。如今，很多企业和品牌管理者会主动建设各种平台，以方便消费者进行品牌评论并征集他们的意见。

最早开始主动关注消费者评论的公司是亚马逊，其网站上线没多久，就开始让消费者写书评，并且第一个做到"正面的和负面的评价都允许发表"。起初许多人无法理解亚马逊允许发表差评的行为。但事实证明，正是因为这些负面评论能帮助消费者更好地筛选书籍，让消费者意识到他们可以信任亚马逊，也更愿意在上面购买书籍。按照亚马逊自己的统计结果，一个拥有差评的东西，也比没有评论的东西卖得更好。现在，这种消费者参与评论的模式已经普遍运用到B2B市场。

除了官方网站，还有其他一些渠道也能让消费者尽情发表评论，评论的对象不仅指向产品或者服务，所有与品牌有关的内容，都可以吸引消费者进行评论。许多品牌都开设了官方微博、微信公众号，定期发布各种促销型和社交型的话题让大家进行讨论，鼓励消费者发布产品使用的照片和感受；或者在其他一些社交媒体上设立品牌社区，让用户自己对产品进行评论。这些评论对消费者做出最终购买决策起到了重要作用，也为营造品牌口碑、树立品牌形象产生重要影响。

三、消费者参与传播的风险

尽管有许多成功的案例，但消费者参与传播有时候也是一个非常耗费时间和精力的事情。作为世界上最成功的数字营销品牌之一，星巴克管理着众多的社交媒体，在这些媒体上所进行的品牌传播活动都离不开消费者的参与，然而要管理和整合所有这些平台的内容，同时将消费者参与导向对品牌积极有力的一面，是非常困难而具有挑战性的，需要公司谨慎对待并大量投入时间和精力。

在消费者原创广告方面，真正的好作品往往很难找到。亨氏公司曾邀请消费者在YouTube上提交为其番茄酱产品制作的广告片，最终在8000多件作品中进行了艰难地挑选。这些由消费者提交的广告作品中，有些制作得非常好，兼具娱乐性和商业效果，但大多数表现一般，甚至很糟糕，比如有的广告中，参赛者甚至用番茄酱刷牙、洗头发和剃须。

由于消费者对社交媒体内容有很大的控制权，邀请他们参加某些传播活动可能会产生事与愿违的严重后果。麦当劳曾经利用Twitter发起了以"麦当劳故事"为标签的话题讨论，希望引发人们积极的反应，但是没有想到有的用户将标签改为具有负面影响的主题让人们发布在麦当劳的糟糕经历。麦当劳被迫在仅仅两小时后撤回该运动，但此次负面话题却对品牌产生了较大的不良影响。同样的事情也会发生在许多知名企业身上，在互联网上，以"我讨厌某品牌""某品牌丑闻"等为关键词进行搜索，会出现大量的关于对应品牌的网页或者视频。当然这些由消费者创造的信息中，有一些诉求是合理的，品牌应该予以重视并积极回应，但也有大量的内容是谣言或者恶意揣测，对此也应该采取合理的应对措施。

不管愿意不愿意接受，消费者参与品牌已经成为无可避免的现实，任何企业都不应该忽略这一股来自消费者的强大力量，对此，只有重视才能避免因为消费者参与而造成的不利影响，同时善加利用，将其转化为推动品牌向更好状态发展的重要力量。如今，许多公司都创建了专家团队以监控消费者在网络上发表的跟品牌有关的言论，及时发现有消极意见的顾客，并与之建立联系，进行沟通，通过适当的引导，将消费者参与的传播导向更积极的方向；也会从消费者评论中提取重要的信息，以帮助品牌管理者在改进产品和服务策略、制订后续营销传播计划等方面提供有价值的参考意见。

第四节 大数据在品牌传播中的应用

一、大数据的含义与来源

数字化时代也就是人们常说的运用计算机将生活中的信息转化为0和1的过程，是信息领域的数字技术向人类生活各个领域全面推进的过程。其中通信领域、大众传播领域内的技术手段以数字制式全面替代传统模拟制式。随着互联网、移动互联网、物联网、社交网络、电子商务等技术的广泛普及和应用，数字信息技术组成了人们的日常生活，使人们的生活也逐渐数字化。

人们在由全方位数字网络构成的虚拟空间和人类的真实生活中自由转换，在接受和消费各类信息数据的同时，自身也通过各种方式在新媒体空间中创造着多样化的、海量的数据信息。网站浏览和下载记录、手机的通讯服务信息、社交平台的分享和评论信息、电商平台的交易订单和商品评价、商品物流和消费信息、卫星定位和位置信息等，都记录和还原了大量的用户数据。

正如谷歌总裁埃里克·施密特（Eric Schmidt）估计的那样，当今的人类在两天之内所创造的数据就超过从文明起源时期到2003年所创造的数据总和。传统的计算机技术无法处理如此大量的、高速变化的数据，发掘这些数据的价值、征服数据海洋的就是云计算。以云计算为基础进行信息的存储、分享和挖掘，将各种终端数据存储下来，并随时进行分析和计算，释放出更多数据所隐藏的价值，这些海量的，具有提供更强的预测和洞察力、决策能力等价值的数据集合和信息资产，通常被称为大数据。

由此可见，大数据的"大"包含两个层面的意义。一是数据的量大，大数据的核心特征即"一切皆可量化"，除了人的语言文字、生活消费、地理位置等日常行为的数据化之外，连人的社会关系、经历和情感也可以数据化。微软曾借助Facebook等社交网站将人的关系数据化，Twitter也曾将人的情绪数据化。二是数据的价值大，通过对海量数据进行分析，获得有巨大价值的产品、服务，或深刻的洞见。以互联网大数据为例，在互联网中可以对用户的网络消费习惯和行为模式进行研究，利用技术捕捉和定位用户ID，锁定并追踪该ID在其他类型网站的行为轨迹，将零散片段拼合出该用户的特征，如地域属性、兴趣喜好、消费习惯等，再根据用户的注册身份和互动分享内容，判断其身份特征、生活方式和关系圈子，再借助移动互联网技术，结合实时的地理位置，就可以描绘出更立体、更实时的用户行为。

维克托·迈尔·舍恩伯格根据大数据价值的不同来源，将大数据公司分成基于数据本身的公司、基于技能的公司和基于思维的公司三种。在当下的中国，大数据的来源主要有以下几个方面：第一，是以BAT（百度、阿里巴巴、腾讯）为代表的互联网公司，他们分别代表着来自搜索引擎的用户搜索行为数据，来自电商平台的用户交易购买数据，来自即时通信工具的用户社交通信数据等；第二，是以电信、金融和保险、电力和石化系统为代表的大型国有企业；第三，是以公共安全、医疗卫生、交通领域、气象与地理、政务与教育等为代表的社会公共服务系统；第四是以商业销售、制造业、农业、物流等传统产业为代表的企业等。其中约有80%的大数据来自于社交网络、物联网和电子商务领域。

二、大数据对品牌营销管理的影响

对品牌营销管理来说，最有价值的数据是来自于消费者及用户群体的数据。在大数据概念和相应的技术工具产生之前，企业对消费者数据的采集和运用主要通过客户关系管理系统（Customer Relationship Management，简称CRM）来实现。CRM利用公司的数据库系统追踪顾客的活动，综合利用顾客在公司的所有"接触点"实现与顾客的交流，通过管理公司和顾客之间的交流及互动，进行财务预测、产品设计和供应链管理。CRM系统可以帮助企业提升对品牌的管理方式，向客户提供创新的、个性化的产品和服务，吸引新客户，维系老客户，将已有客户转为忠实客户，增加市场份额，增强品牌资产。

随着市场竞争的加剧，差异化营销传播和个性化服务将是企业生存和发展的根本，CRM依然是指导企业和品牌发展的重要理论和工具，大数据时代的到来给CRM带来新的机遇。传统的CRM主要关注企业自身途径能采集到的数据，关注如何把企业内部各个业务环节中零散的客户信息搜集、汇聚起来。而在大数据时代，企业不仅要关注内部数据，还要将来自电子商务、社交网络等企业外部渠道的数据整合起来加以利用。

大数据与CRM相结合后，企业品牌营销管理的创新体现在以下几个方面：

1. 可以对消费者和用户进行精准的定位与细分，针对每个群体采取不同的行动

传统的品牌营销大多以人口统计学特性来概括目标消费者，而消费习惯、心理特征、兴趣爱好这样的深度数据则需仰仗专业市场调查公司，同时传统的调研方式还存在滞后和不真实等问题。借助大数据技术，营销者能准确地找到消费者、精准地判断每一个个体的属性，这些属性不仅包括性别、年龄、地域、身份等传统的人口特征，还包括兴趣喜好、社交行为、购物经历等社会属性，能及时发现各种属性和行为之间的相关性。一些互联网公司可以通过技术对这些数据进行组合匹配，利用共同的属性去组建用户群组，全面准确地描绘目标人群。

除了能准确地找到目标消费者，大数据还能准确地判断其在特定时间的消费情境。所谓消费情境是指消费行为发生时的环境因素，主要包括物质环境、社会环境、时间充裕度、购买任务、购买前的情绪或状态等，这些是实现将消费需求转化为消费行动的最后一个影响因素。比如，通过LBS服务能获知目标消费者的地理位置；通过社交网站上的交流互动，能获知其社会关系状态；通过搜索的关键词，能获知购买目的；通过社交网站上个人的动态表达，能获知其情绪状态，等等。大数据对这些要素进行关联分析，可以综合判断其消费情境，比如"男性、健身房附近、注重穿着品位"或"年轻女性、在某商家附近、要进行长途飞行、喜欢看书"等。基于这些消费情境，可以实现适时，适地，按需推送产品、服务与品牌信息，实现营销战略优化，提升营销行为的精准度。

2. 基于大数据获取新的用户需求，实现商业模式及产品和服务的创新

大数据的核心是通过相关关系分析法来进行预测，即把数学算法运用到海量数据上，量化两个数据值之间的数理关系，通过相关关系的强弱来预测事物发生的可能性。大数据根据消费者的行为轨迹，可以判断其关联需求，挖掘其潜在需求，对消费行为进行预测。亚马逊拥有海量的用户信息和交易数据，公司根据对用户的浏览历史和购买记录进行分析，采用"item-to-item"协同过滤技术找到用户之间的相似性以及产品之间的关联性，形成个性化推荐系统，进行个性化广告推介，这种个性化推荐系统为其销售额的增长做出了巨大贡献。

消费者每天都会在各种网络平台上讨论品牌、产品和使用体验，这些数据对于营销管理者来说非常重要，是认识消费者内心真实需求的关键所在。

英国葛兰素史克公司通过定位那些谈论过旗下子品牌的人们，追踪他们在公开论坛上展露的所有个人信息，来建立消费者描述，并将这些外部数据和营销部门已有的数据进行整合，以设定更为精准的优惠和促销措施。

3. 提高数据在各个部门的共享程度，提高管理的投入回报率

品牌营销决策数据可能是来自线上、线下多种渠道数据的结合，这些数据分散在不同的管理部门或媒介空间里，运用大数据可以将各部门的客户信息汇总，实现客户信息的集中、统一管理，提高数据查询的效率；也可以帮助员工查看客户信息的全面视图，识别出最有价值的客户，为企业创造更多利润提供坚实的基础。打破企业部门界限，依据数据流进行管理模式的变革也是品牌营销传播管理者需要实现的思维转变。

三、品牌传播中的大数据应用

品牌传播发展史上曾经历过两次变革，第一次是19世纪中后期，确立了以策划和创意为核心的广告专业化；第二次是20世纪八九十年代，广告公司的业务模式转向了整合营销传播。大数据时代的品牌传播活动中，由数据和技术驱动的精准化、个性化传播，以及消费者主导创意内容将成为品牌传播的新趋势。

1. 品牌传播的精准化

大数据分析是基于全体数据而非传统的随机样本，基于相关关系而非因果关系，能透过纷繁复杂的表层现象抓到数据背后的本质信息。百事可乐在选择代言人之前，会对网络各项数据进行分析。2013年，百度指数、百度风云榜数据都显示吴莫愁的关注度、知名度和美誉度都很高，并且其做自己的鲜明态度和新锐精神与百事的品牌调性十分符合，因此，百事可乐选择吴莫愁作为自己的品牌代言人。在传播地域方面，大数据分析显示吴莫愁的粉丝更多集中在中国北部城市，因此在相应地区加大广告投放力度。

大数据可以呈现与传播受众对象有关的多维度、多层次的交叉信息，这些信息既包括传统的人口统计要素，以及消费习惯、心理特征、兴趣爱好等深度数据，更重要的是可以提供场景因素，包括地理位置、人际交往、情绪情感、近期的搜索和购物行为等，营销传播管理者可以洞察和还原消费者的消费情境，找到信息传播的重要时间和空间点，进行精准的信息投放。如果发现消费者的情境是下午3点在办公室工作，则判断其此时极有可能需要咖啡来提神，于是向其投放咖啡广告。广告服务商威朋

（Vpon）是国内较为领先的大数据广告公司，专门提供基于位置的广告投放服务，它能够精准到根据用户所处的时间、地点，判断用户所处的情境来进行信息推送。

最能体现大数据实现品牌精准化传播的重要成果是实时竞价技术（Real Time Bidding，简称RTB）。这是一种利用第三方技术在数以百万计的网站或移动端针对每一个用户展示行为进行评估以及出价的广告交易模式。它帮助企业在海量的消费者中准确寻找到目标消费者并展开传播，实现了从购买广告位置的交易方式转变为购买目标消费者的交易方式。

实时竞价技术的工作模式为，当消费者访问一个网站时，互联网媒体端就会向广告供应方平台（SSP）发送消费者访问讯号，随后供应方平台通过广告交易平台（Ad Exchange）及数据管理平台（DMP）对消费者信息和广告主信息进行匹配，并将结果发送给广告主需求平台（DSP），广告主需求平台根据各广告主在平台上设置的投放价格、投放区域和投放对象等信息进行竞价，以决定不同的广告在消费者浏览网页上的展现位置和频次等，整个竞价过程在100毫秒左右即可完成。当一个用户在网上浏览过某种商品，或点击过某个产品类目的广告后，其浏览痕迹都会通过cookie记录在案，通过广告交易平台，你在下一次浏览网页的时候，将被推送符合自身偏好的品牌内容（图7-8）。

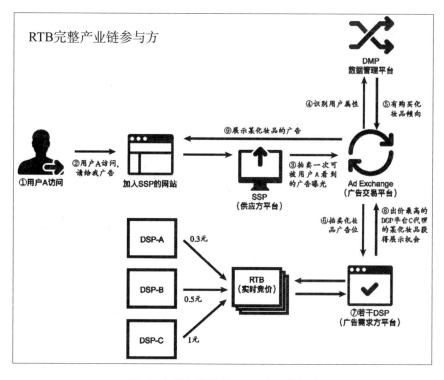

图7-8 实时竞价技术（RTB）工作模式

2. 品牌传播的个性化

大数据为品牌营销传播带来的机遇之一就是在数据分析的基础上对个人的生活状态、兴趣爱好、情绪、需求进行全视角的描述，从而为消费者创造个性化的产品与服务方案，进行个性化的信息推送。

美国有一家初创的大数据公司名叫Pure Discovery，该公司提供兴趣图谱搜索服务，通过用户的个人资料来识别不同人的兴趣，为每个人建构兴趣图谱，并依据兴趣图谱主动推送用户感兴趣的内容。如果用户对麦当劳感兴趣，它就可以只推送有关于麦当劳的新闻、广告和优惠，以及其他对麦当劳感兴趣的人的动态、分享等内容。当一个品牌的营销传播超越了传统的大众市场这一定式，能够切实满足每个不同消费者的个性需求，并与之建立良好的关系时，就能进入消费者的内心，培育起对品牌的忠诚和信仰。

数字化营销传播与大数据相结合，产生了动态创意的技术。动态创意可按不同受众的特性，实时"组装"不同的创意呈现。动态创意可支持多种广告形式，包括横幅广告、手机广告以及视频。除按受众的兴趣以及上网地点来发送量身创意外，还可通过不同的定向条件，如人口属性、上网时间、当地天气等，想出不同创意进行量身的信息传播。

结合大数据搜集为消费者量身定制创意方面，喜力在2013年设计的ignite互动啤酒瓶是一个较为典型的案例。喜力公司对一个名为PrimSense的传感技术进行升级换代，研制出了一种更小、更灵敏的全新三维传感器。喜力在玻璃啤酒瓶底部安装了传感器、LED灯、微处理器、变送器、陀螺仪等部件，同心合力造就了一只会跳舞的新瓶子，并起名为Ignite。每只Ignite啤酒瓶在人们干杯时，LED灯随着瓶子的碰撞而亮起，当人们对瓶轻抿一口，灯光又会快速跳动，如果把瓶子放在一边，Ignite会进入睡眠模式，灯光会逐渐变暗直到它重新被拿起。除此之外，Ignite的感应器还能被远程遥控与音乐节奏同步，好似它也在舞蹈一般。

围绕这种传感技术，喜力还开发了一些新型服务，如Shopperception，该服务通过分析消费者在货架前的行为，来创建实时事件推动与消费者的互动交流。

喜力和沃尔玛合作找了在阿根廷的一家分店作为试点，研究顾客购买啤酒的准确位置。这个实验精确到了顾客在超市内的哪个位置购买了单瓶喜力，在那个位置决定购买半打装或是罐装喜力啤酒。而后将顾客行为数据与其他喜力用于预评销售量的数据（如天气数据、销售数据等）放在一起,令喜力庞大的全球数据库更加完善。凭借这个数据库,喜力和沃尔玛能够掌握销售产品的最佳位置,喜力能进一步了解消费者,从而在正确的时间、地点提供消费者所需要的产品和品牌信息。

3. 将数据变成创意

如今,创意的概念并不是传统意义上纯粹的艺术表达,而是要寻找一种能实现消费者与品牌之间更紧密地联系,让消费者积极参与品牌传播活动的策略。基于大数据的创意能在消费者最感兴趣的、最容易引起关注的内容与品牌之间找到关联点和平衡点。在数字生活空间中,这样的创意通常体现为有高共鸣度的话题和内容,多渠道跨平台的信息传递,受众对象的热情参与,品牌调性的高度契合等。这样的创意能迅速引起关注,激发消费者的分享、讨论和参与,从而放大传播效果,强化品牌的认知和形象,增加品牌资产。

从创意的具体执行来看,将数据变为创意可以从以下两个角度来理解,第一是基于大数据来制定或更改创意,第二是通过实时数据来萌发创意。

基于大数据来制定和更改创意是指运用大数据分析监控消费者在网上针对品牌特定传播活动的评论意见,预测和评估活动的效果,对既定的传播内容和创意方式进行更改。

之前我们曾介绍过尊尼获加"语路计划"品牌宣传推广活动,在该活动的执行过程中,广告代理公司会对网络上的消费者评论进行紧密监控,每隔几天就会根据消费者在社交媒体上的热点话题创作出一个新的创意海报,引发新一轮的关注和评论。广告代理公司的负责人说:"以前我们可能会用三个月的时间做一个海报,但现在必须用两天的时间做出来,之后根据这个项目在社交媒体上的表现,不断做出新的创意,项目的作业团队也会更精简。"

由此可见,大数据让传播活动的执行过程更具有可控性。通过对网络上针对某个传播活动的相关评论、分享话语进行语义分析,可以判断出人们对该活动的真实看法,当出现问题时,也可以寻找原因及时调整计划,必要时制订公关方案以应对可能出现的传播危机。

实时数据萌发创意是指在数据挖掘和分析的基础上,将数据直接变为创意。这种创意方式的数据来自消费者和网络用户自身,传播活动的执行也由用户自己主导,数据分析团队发挥创意才能,借助技术的力量,使数据变得鲜活而美好,已经有许多企业运用这种创意方式取得了品牌传播上的成功。

　　The Museum of Me是由Intel公司推出的一个趣味网站，是一个将博物馆理念转变为私人纪念馆的项目，利用Facebook上的记录用户可以创建属于自己的虚拟博物馆。只要登录自己的Facebook账号授权此服务，通过对大数据的收集和分析就可以创造出自己的社交生活视觉档案，将个人的社交网络生活变成炫酷的影片。博物馆里会展现朋友们的照片，帮你分析出你最常用的字、最常赞的内容，以及你的人脉关系图。Intel公司为推广酷睿i5而打造的这则广告，以用户本人的社交数据为创意源，不仅提高了用户的互动性，也达到了病毒传播的效果。最终，该网站获得超过85万用户的点赞，同时也获得了包括the FWA年度最佳网站、东京互动广告奖在内的多个重要奖项（图7-9）。

图7-9　"The Museum of Me"网站首页

　　与The Museum of Me类似的是支付宝推出的"十年账单"服务，通过大数据分析，展示消费者在购物、支出、理财、缴费、情感转账等方面的全套数据，见证了个人财富和生活的点滴变化，甚至在一定程度上反映了中国网民的消费方式、生活方式。"十年账单"服务及其线上广告的推出，一时间在庞大的支付宝用户中广为流传，也引起了社会的广泛关注，不仅有效增强了支付宝品牌与消费者之间的情感联系，也提升了品牌的社会影响力。

第八章 品牌传播效果评估

在传播学理论中,传播效果是整个传播活动过程中非常重要的组成部分,通常是指传播对人的行为产生的有效结果,具体指受传者接收信息后,在知识、情感、态度、行为等方面发生的变化。传播效果意味着传播活动在多大程度上实现了传播者的意图或目的。

对于品牌传播的管理者来说,一个非常重要的工作就是要提供有说服力的证据来证明营销传播工作确实产生了作用。在广告领域,有一句话广为人知,即"我知道我花在广告上的钱有一半是打水漂了,但是我从来都弄不清楚到底被浪费的是哪一半"。这句话实际上反映出要对广告传播的效果进行测量是一件很困难的事情,同时也表明,从营销传播发起人和投资方的角度来说,由于在传播活动上投入了大量的资金,公司或者品牌所有者非常希望看到可感知的、可测量的、明显的效果。

为此,广告及品牌传播代理商、媒介公司也在不断努力,希望找到更精确的、更全面的传播效果测量方法,但这并不容易,主要原因在于传播活动是一个非常复杂的社会活动,涉及信息到达、对认知和记忆的影响、态度的改变,及行动的发生等多个方面;从品牌本身的发展来说,也可能会有其他一些因素影响到传播活动的效果;最后,要想证明传播活动确实吸引了传播对象的注意力,确实产生了效果,必须要有针对性的实时数据才可以。由此可以发现,策划和执行品牌的营销传播活动时,可能需要更多的创意与创造,但评估品牌营销传播活动的效果时,则需要更多的理性和工具性技术与手段。

在本章里,我们将讨论如何评估品牌传播的效果,考虑到传播活动的复杂性，评估将从以下几个方面着手：第一，评估传播目标实现的程度；第二，评估受众对信息的接触；第三，评估受众态度的改变；第四，评估受众行为反应。基于品牌整合营销传播目标的实现程度，遵循从信息接触，到认知和态度改变，到受众行为的产生这样一个传播效果发生的路径，来一一介绍品牌传播效果的评估方式。

第一节 评估传播目标实现的程度

一、有关传播目标的争论

对品牌传播效果进行评估，最直接的标准就是该传播活动在多大程度上实现了传播目标。在发起一项传播活动之前，企业和品牌代理商通常会进行精心地策划，制定完整的传播策略，其中最重要的一点就是基于品牌发展现状和背景制定传播需要达成的目标。若是在策略中对传播目标有清晰而明确的界定的话，通常对活动及效果的评估也更有针对性并且容易。

从传播学角度界定传播目标，是指传播者在传播活动中经过努力所要达到的目的以及衡量这一目的是否达到了的具体指标，或者说，是传播者在某个方面和某种范围内试图实现的特定职能或影响受传者的意识和行动倾向的具体指标。但在实践领域对于品牌营销传播活动目标的界定本身就充满了争议，首先它有长期目标和短期目标、总体目标和个体目标之分。其中，短期目标通常是以销售额的提升为主，长期目标是指对品牌资产建设的贡献，比如品牌认知度、品牌美誉度或者忠诚度等方面；总体目标是对整个公司或者品牌的认知、态度或行为改变，个体目标则主要针对特定产品的认知、态度或者行为改变。

以广告传播为例，在广告界对于什么是成功的广告，一直存在着销售效果与传播效果的争论。销售效果论要求广告活动发起之后，产品的销量得到提升，通常广告主会以销售效果来判断广告是否成功，因为作为出资方，广告主希望广告的投入能带来可见的获益；而传播效果则认为广告需要通过合理的媒介策略到达目标受众，广告刊播后，品牌认知度、美誉度和忠诚度得到提升，并且不需要对产品销量负责。

提到销售效果与传播效果的争论，脑白金的案例能给我们不少启发。"今年过节不收礼，收礼只收脑白金"，每年脑白金用于巩固市场的广告费都多达上亿元，特别是到各种节假日之前，每晚在多家电视台黄金时段，脑白金对十几亿中国人的疲劳轰炸近乎疯狂。从初播电视广告至今,脑白金换了多个版本,包括姜昆和洋弟子大山版、"蹲马桶上打电话"的哥儿们版、黑色露背女版、游街版、老头老太版,但不管怎么换,在众多广告里,脑白金广告素以"没品位"甚至"恶俗"为人痛批,连续多年荣登恶俗广告榜首。其广告不但制作粗糙,表情庸俗,还进行简单粗暴的重复。

有人说:人们对这种广告战术将渐渐失去兴趣,恶俗广告必将失去人心。可是脑白金却收获了高达十多亿元的销售额,他们有60万回头客的资料,仅此一块销售就有五六亿元,占总销售额的60%。他们的抽样调查显示,80%~82%的服用者说有效,偶尔有消费者说无效。在上千万人用人民币给脑白金投票的同时,对它的指斥批判也充斥坊间。或许,从来没有一种保健品如此招人爱又招人恨。尽管被评为恶俗广告,但其被关注程度异乎寻常的高。

脑白金难登大雅之堂的、直白式的送礼之词确实恶心,但并没有违反相关法律;其表现手段确实单一又密集,但是调查发现保健产品的购买者仍然比较青睐广告投放密度大、市场地位稳固的品牌,类似的还有太太口服液、静心口服液、黄金酒等品牌依然为消费者经常购买。脑白金的例子告诉我们,不能简单地从销售效果来衡量一则广告的成功与否,脑白金虽然在目标市场取得了销量领先的成绩,但其广告创意、传播方式都饱受诟病,同时品牌美誉度也大打折扣,由此可见其传播效果并不十分完美。

最理想的状况当然是达成销售效果与传播效果的结合,但更合理的评判标准应该是传播效果,因为包括广告在内的品牌营销传播活动只是营销组合中的一个构成部分,营销组合所有的要素都会影响到销售效果,如果产品质量不能令消费者满意,那么传播效果越好,越会加速品牌的灭亡;如果产品定价不合理,特别是定价太高的时候,消费者感知到的品牌价值与价格不匹配,也会影响销量;此外,如果产品的铺货渠道不完善,消费者通过营销传播产生了购买欲望,但没有合适的购买渠道,那产品销售也会受到影响。

二、影响传播目标实现的其他因素

从传播运作来讲,成功的营销传播涉及到战略目标、创造性和可执行性三个维度。每个成功的品牌传播都是一个正确战略的实施过程,战略目标能提供方向和力量。在不考虑战略目标的情况下评判一个传播活动的成败是一种冒险行为、销售增长、态度改变、提高品牌认知度等是一些最常见的、典型的传播目标。因此，传播活动在开始之前，必须依据企业发展状况制定合理的传播战略目标，选用能最有效接近受众的媒体来发布信息，向最重要的受众传达信息，以达成传播目标。

创造性思维是整个传播活动的动力源泉。制订战略计划需要创造性，研究需要创造性，媒体选择和组合也需要创造性。品牌传播活动需要不断运用创造性来解决媒体和信息方面的问题。创造性在品牌传播中的集中体现是创意。创意是一个核心概念，它能吸引注意力并在记忆中留下深刻的印象，在整合营销传播活动中，通常都应该有一个充满创造性和原创性的"大创意"。

最后，每一个成功的策略和创意都要被很好地执行。这意味着细节、技术和产品价值之间都必须相互协调。传播内容来源于战略目标，而传播手段则是创造力和传播执行的产物。战略目标、创造性和执行——这些都是实现有效传播的重要要素。所以说，成功的品牌传播必须有三个特征：合理的战略目标、原创性的创意，以及对信息传达的正确执行。从创造性和实施水平上判断一个传播活动相对容易，然而，要彻底检验其是否成功则要看它在多大程度上实现了自己的目标。

艾菲奖（EFFIE AWARDS）是美国营销协会为表彰每年度投放广告达到目标，并获得优异成绩的广告主、广告公司所专门设置的特别广告奖项。它与戛纳奖、克里奥奖等国际奖项的区别在于，它更集中关注广告带来的实际效果。艾菲奖对成功广告的评价标准有以下三点：背景及战略、创造性、媒介。其中，背景及战略包括品牌面临的营销挑战、目标市场以及广告活动目标；创造性是指广告活动的思路，以及与背景战略的关联和执行的质量；媒介是指媒介运用与目标市场策略的关联，与创新策略的关联。上述三个标准占总分的70%，广告最终效果的证明材料占30%。2013年艾菲奖全场大奖是可口可乐的"昵称瓶"活动。可口可乐是处于发展成熟期的品牌，此次广告活动的目标是为了维持品牌与消费者之间的忠诚度，"昵称瓶"的创意非常简单，真正强大的是其背后成功的目标设定、消费者洞察以及媒介策略。

第二节 评估受众对信息的接触

受众接触信息主要是通过各种媒介渠道，对受众信息接触的评估是对传播媒介到达受众能力的评估，包括对报刊读者、广播听众、电视观众、网络用户接触媒介及品牌信息人数多寡的评估；对媒介及特定栏目、节目和品牌信息的注意、兴趣、理解、记忆等心理活动的反应程度评估；受众对传播媒介的接触频率和信赖程度评估等。

各种研究团队和媒体专家们通过研究，寻找并总结出了各种衡量媒介到达率的测量方法和手段，这些测量方法通常也被称为指标。综合媒介的不同形态，我们将对这些指标做详细分析。

一、电子媒体信息接触的评估指标

电子媒体形态以电视、广播、电影、电子显示屏为主，常见的到达效果评估指标包括如下几种：开机率、收视（听）率、收视人口、毛评点、到达率、媒介组合到达率等，其中有些指标会在制定媒介策略时作为媒介选择的衡量指标，也会在信息发布后作为效果衡量指标。

开机率（HUT-Household Using TV）是指所有有电视机的家庭或人口中，在特定时间段里，暴露于任何频道的家庭数或人口数占总家庭数或总人口数的比率。计算公式为：HUT＝特定时间段打开电视的家庭／所有拥有电视机的家庭×100%。

收视（听）率是指在一定时段内收看（收听）某一节目的人数（或家户数）占观众（听众）总人数（或总家户数）的百分比。计算公式为：收视率＝收看某一特定节目的人口数／拥有电视的人口数×100%。收听率是一个时点指标，它反映的是某一个时刻的状态，在收听率调查运作中，通常以每15分钟时段作为一个时点，调查或者测量得出时段收听率，然后在时段收听率的基础上，对照实际播出的节目所对应的时间段，运用统计方法运算得出节目收听率。

毛评点是指印象百分比之和，印象就是受众接触媒介的机会。计算公式为：毛评点＝每次收视率×插播次数。比如某电视节目的收视率是20%，而播放频次是3次，那么毛评点就是60%，即有60%的受众接触了广告。一般而言，毛评点越高覆盖面越广，要求的资金投入也越多。毛评点可以衡量某个目标市场上一定的媒体所产生的总影响力。

到达率是指传播活动所传达的信息接受人群占所有传播对象的百分比。计算到达率时，一位观众不论暴露于特定广告信息多少次，都只能计算一次。到达率适用于一切广告媒体，唯一不同之处是表示到达率的时间周期长短各异。一般而言，电视、广播媒体到达率的周期是四周，这是由于收集、整理电视、广播媒体有关资料平均要花费四周时间。

媒介组合到达率用于计算运用多种媒介组合时的累积受众。计算公式为：媒介组合达到率＝第一种媒介到达率＋第二种媒介到达率－两种媒介重叠部分的达到率。

千人成本（CPM）是衡量广告投入成本的实际效用的方法。计算公式为：CPM＝广告单价／广告收视人口×1000。

除了上述一些到达效果的评价指标外，电子媒介还有一些认知和记忆效果评估指标，包括视觉冲击力、认知度、记忆度、理解度。

视觉冲击力就是运用视觉艺术，使人的视觉感官受到深刻影响，从而留下深刻印象。在对传统广告到达受众的效果进行评估时，认知度常常取决于广告信息中的旁白、字幕、画面等方面。记忆度是指受众在接触广告信息后，对广告及品牌内容的记忆程度，是全部记住或部分记住广告内容者的数量占广告所要到达的目标受众总量的百分比。

二、平面及户外媒体信息接触的评估指标

平面媒体主要的到达效果评价指标有以下几种：发行量、重复阅读率、读者构成、千人成本等。

发行量是指某印刷媒体（一份刊物）每期实际发行到读者手中的份数。

重复阅读率是指有保留价值，会进行多次重复阅读，重复率一般以n次／人的形式来表现。

读者构成通常是指订阅者或阅读者的性别、年龄、职业、收入、家庭情况等人口统计学意义上的指标，此外还应该包含读者构成与传播的目标受众之间的匹配程度。

平面媒体的广告千人成本同上述电子媒体的千人成本概念基本一致。计算公式为：CPM＝广告费／报刊阅读人口×1000。

平面媒体广告的认知效果评估指标主要有广告注目率和广告精读率。

广告注目率是受众对视觉类广告投放的第一反应，它反映有多少受众在阅读报刊时确实接触了广告，并对广告形成认知、记忆，是评价广告传播效果的主要指标。广告注目率最初由报纸广告衍生而来，延伸到电视、户外等通过画面、视频表现的视觉类广告。

广告精读率是指认真看过广告内容的受众人数的比率。其计算公

式为：看过广告一半以上内容的人数／看过刊登该广告的媒介内容的人数×100%。

户外媒体广告的到达效果评价指标主要有：户外媒体广告视听众，户外媒体广告的发布地段人流量、车流量，以及每日的有效流量、千人成本、户外媒体广告周边的环境干扰度等，其中环境干扰度是指媒体周边的环境，以及其他各种媒体形式所形成的干扰程度。

三、网络媒体信息接触的评估指标

常见的网络媒体传播效果评估指标主要有：网站流量、网络用户构成、点击率、停留率、停留时间等。

网站流量（Traffic）通常是指网站的访问量，是用来描述访问一个网站的用户数量以及用户所浏览的网页数量的指标。网站流量统计指标又包括：独立访问者数量；重复访问者数量；页面浏览数；每个访问者的页面浏览数；某些具体文件或页面的统计指标，如页面显示次数、文件下载次数等。

网络用户构成（Users）主要是指用户的一些结构特征，主要包括性别、年龄、学历、职业、收入，以及地理区域分布等一些人口统计上的特征。与上述平面媒体的读者构成一样，从网络用户构成来衡量品牌传播效果除了人口统计指标之外，非常重要的一点是评价用户结构与传播的目标受众之间的匹配程度。

点击率（Click-through Rate）是测量网络互动传播效果的主要方法。点击率是网站页面上某一内容被点击的次数与被显示次数之比，反映了网页上某一内容的受关注程度，经常用来衡量广告的吸引程度。点击率所呈现的数字能够告诉我们有多少人点击收看了在线信息并访问了网站。

此外，还有一些其他的衡量指标，如停留时间、停留率、兑换率和销售额等。其中兑换率和销售额体现了网络传播所产生的受众行为，可以用转化率来进行衡量。转化率（Conversion Rate）就是转化次数和点击次数的比率，指由点击进而转化成进一步的行为，比如用户购买或者注册。当用户登录网站采取行动时可能产生兑换率，当他们进行在线购物时就会产生销售额。

停留率（Dwell Rate）测量的是对品牌或产品信息产生印象的用户比例，表现为用户点击广告或者把鼠标指针停放在广告上的行为。停留时间（Dwell Time）测量的是用户观看某一个特定广告或品牌信息的时间长短，反映了一个人对某产品或者正在浏览的网站的兴趣和关注度。

作为企业整合营销传播的重要组成部分，网络媒体的运用也非常看重投资回报率（ROI）。与传统媒介工具注重到达率等指标相比，网络互动传播的投资回报率更注重消费者参与。研究表明，网络互动传播中的参与可以用以下指标来衡量：评论的数量，活跃用户数，表达"喜欢"意愿的数量，用户产生的信息量，应用程序或插件的使用数量等。比如，在新浪官方微博的品牌社区中消费者对微博有以下几种回应和参与方式：收藏，转发，评论，点赞。在这方面，大数据的统计分析能为我们提供一些特别的评估方式，例如，通过对"点赞""转发""评论"等参与活动的分析，能得出传播活动在多大程度上获得了受众的赞同和关注，信息得到了多少的二次甚至多次传播，信息的扩散路径和规律，受众的结构等方面的详细信息。还可以通过监控网络社区或论坛中的用户聊天信息，测量用户对传播活动的反应，综合这些数据以辅助判断本次营销传播活动的成功与否。

最后，对网络互动广告受众传播接触的评估必须参照品牌整合营销传播目标来考察结果，如果整合营销传播的目标是建立品牌认知度或者是培育品牌忠诚度，那么对网络传播的评估就不能以销售数据来衡量，网络广告可能带来品牌认知度，网络社区可以培育品牌忠诚度，但是都不一定能带来在线购买。最典型的行为是，消费者会使用互联网来搜集与品牌相关的信息，然后通过零售店或者其他网络渠道进行购买，在这种情况下，销售额数据变化就很难反映网络传播所产生的效果。

第三节　评估受众的态度

信息传播借助各种大众媒介、分众媒介以及新媒介渠道进行传播，会对受众的文化认知、情绪情感、行为意向等方面产生影响，从而使人们对某种事物或某种观念的态度产生方向上或者幅度上的变化。

从理论上讲，品牌营销传播效果应该以信息的接触、记忆，以及认知和态度的改变等到达和劝服效果为主，而不应该以销售情况为标准来衡量，但是，从消费者行为过程来看，心理、态度的变化情况又直接影响着购买行为的发生，因此，要将两者截然分开也是不容易的事情。在本节里，我们主要从受众态度改变的角度来评估品牌营销传播的效果。

一、对信息内容的态度评估

早在1898年美国广告学家E. S. 刘易斯就提出了著名的AIDMA理论，该理论认为消费者从接触信息到达成购买，会经历Attention（引起注意）、Interest（产生兴趣）、Desire（唤起欲望）、Memory（留下记忆）、Action（购买行动）五个步骤，前四个步骤都属于消费者认知和心理层面，这些都会引起态度的改变，其效果测评方法主要是传统的实验法，包括调研、访谈，以及现在比较流行的认知神经科学实验法。

广告代理商和品牌所属的企业通常会运用广告效果追踪调查和文案测试的方式来评估受众对信息内容的态度。

1. 广告效果追踪调查

广告效果追踪调查是指在广告发布之后，由广告调研公司通过市场调研的方式，对品牌的表现和广告效果进行监测。通过广告效果追踪，可以与竞争对手的广告表现进行横向对比，也可以与自身的广告表现进行纵向对比。

广告效果追踪的方式通常是向调研对象展示广告的一个片段或者画面（画面里没有品牌信息），然后询问调查对象能否认出做广告的公司，这是测量品牌和广告的知晓度。接下来会请他们说出广告的品牌，测量的是无提示情况下的品牌认知度。如果对象无法给出正确答案，则提供一个品牌列表让其从中选择正确的品牌，这是测量有提示情况下的品牌认知度。除此之外，广告效果追踪调查还可以测量广告与品牌的记忆度、喜爱度、信息回忆率等内容。

在中国，有许多优秀的市场调查与研究公司可以提供广告效果追踪调研服务，比较知名的有央视市场研究股份有限公司（CRT）、央视——索福瑞媒介研究有限公司（CSM）、上海尼尔森市场研究有限公司（ACNielsen）等。尼尔森会提供对网络广告和影院内广告的评估服务。在一项新的营销传播活动推出后，该公司会快速对广告效果进行追踪调查，一方面，会针对竞争品牌的传播活动，进行本品牌传播活动的效果评估；另一方面，也会与品牌之前的活动进行对比，来评估新活动的效果。

对广告效果进行追踪调查，将调查结果图表化之后可以显示出广告或者传播活动在何时效果最好，在何时开始失去市场影响力。对此，品牌传播管理者可以采取一些调整或者补救措施。

广告效果追踪调查也有明显的缺点，即调查活动无法提供对问题原因的诊断与分析。调查结果数据虽然可以从横向与纵向两个方面来展示广告的效果如何，但是并不能告诉我们某个广告或者传播活动效果不理想的原因在哪里，如果想要发现原因，还需要调研机构做一些其他方面的调研工作。

2. 文案测试

文案测试是在作品最后的修改润色阶段或者完成后进行的。测试的参与者需要接触多种渠道的信息，如来自电视台或广播电台的一系列广告，或者报纸杂志上不同版面上刊登的一组广告，这些广告通常来自多个竞争品牌。通过测试可以使研究人员对比待评估的品牌广告与其他竞争品的广告表现。

文案测试的一级指标主要有传达力和说服力两个，二级指标包括信息回忆、记忆力、沟通效果、创造积极印象的能力等。传达力是指在众多广告中被测试的广告能被区分出来，并被消费者记住的能力，测试内容包括是否记得广告中产品的名称、特性与优点、品牌或者企业名称、诉求重点，以及广告的画面、对白、音乐等内容。说服力是指广告创造出对品牌产生积极印象的能力，广告说服力等于广告播放后选择该品牌的比例减去播放前选择该品牌的比例。

此外，通过询问受试者看到广告信息时的第一感觉，喜欢或者不喜欢等情感，文案测试还能测试出受众对信息的情感反应。如今，有许多公司会进行在线的广告文案测试，在观看网络上放映的广告时，受试者通过移动鼠标来反映其情感，通过监测和对比所有受试者的行为结果，就可以分析出受试者的感觉和情绪变化过程。

3. 认知神经法

认知神经科学是一种追踪大脑活动的图像测量方法，旨在阐明认知活动的脑机制，即通过对大脑中的电流活动进行追踪，了解人类大脑如何调用各层次上的组件，包括分子、细胞、脑组织区和全脑去实现各种认知活动。有一项利用认知神经科学进行的研究表明，在对口味做盲测时，测试对象的脑电流显示其对可口可乐和百事可乐的偏好是一样的。

相对于上述其他一些传统的调研方法而言，认知神经法具有一个明显的优势，就是能准确地探测出受众对品牌信息的真实看法。不论是利用焦点小组进行讨论，还是广告文案测试，或者是其他一些与调研对象面对面进行的访谈，这些方式都有一个共同的弊端，那就是受试者可能会给出被社会所认同的回答，而不是真实的想法。比如，人们普遍会对含有性挑逗的广告感兴趣，但在中国这样的传统文化价值观占主导地位的社会中，对与性相关的内容表示认可会被认为是不得体的，因此，人们可能会掩饰或者隐藏自己内心对该广告的喜欢，在受测试时，转而给予否定的或者消极的评价。

认知神经测量被认为是更客观的、更有效的方法，因为在测试过程中受试者无法掩饰自己的神经活动，他们的真实想法会通过呼吸、心跳、血压、眼动次数和皮肤温度等数据体现出来，透过这些数据研究者能够推测受众当时的真实感受和想法，甚至能探测到受众观看广告时的情绪最高点和最低点等信息，从而更客观地、更详细地评估信息内容的有效性。可口可乐公司利用认知科学的测试方法来选择在"超级碗"期间投放的广告。可口可乐先制作了十几个广告，然后利用相关设备对其进行评估，测量消费者观看广告时的各项心理数据，根据数据结果来决定哪些广告可以使用，哪些需要进一步调整修改。

二、对品牌认知的态度评估

受众态度的评估还有一个非常重要的层面，是受众在接触信息后对品牌认知的态度变化。从品牌认知的角度进行评估，指标主要包括品牌知晓度、品牌美誉度、品牌偏好度等。

1. 品牌知晓度

所有的品牌传播活动，无论其目标设定是什么，都暗含着一个最基本的目的，那就是建立和扩大品牌知晓度。品牌知晓度是指当消费者想到某一种类别的产品时，脑海中能想起或辨别某一品牌的程度。品牌知晓度表达了消费者在大脑记忆里追溯特定品牌属性的能力，表现在辨认品牌的正确性以及回忆品牌的容易度与清晰度上。品牌知晓度愈高，消费者在特定产品类别的众多品牌中能优先想起这个品牌的几率就愈高，产品获得消费者青睐的可能性也就愈高。

品牌知晓度是认知反应的基础，因为在不知晓品牌的情况下，消费者是很难有机会深入了解包括功能和形象等方面的品牌含义，以及对品牌质量作出理性判断，就更不用说对品牌产生特殊的感情，甚至建立起品牌忠诚度等。因此，品牌知晓是一切后续工作的基础。

品牌知晓度可以通过品牌回忆度来测定，回忆度又可分为无辅助回忆度和辅助回忆度两种方式。

无辅助回忆度是在不提示品牌或广告的情况下被测定的。例如，询问受试者在过去一周里看某个电视节目时，是否还记得插播过广告，如果记得，那么能记住的品牌广告有哪些？如果在受试的100人中，有80人提到了评估的品牌，则该品牌的知晓度为80%。辅助回忆度是在先提示品牌或广告的有关信息后再进行测定。比如询问受试者在牛仔裤品牌中能想起的品牌有哪些，将受试者的回答按顺序进行记录，此时若在受试的100人中，有60人提到了评估的品牌，则品牌知晓度为60%。

将广告或者传播活动推出后测量得出的品牌知晓度与活动开展前的知晓度进行对比，可以得出本次活动对品牌知晓度的提升有多少，从而评估传播目标的达成情况。

2. 品牌美誉度

在前面的章节中我们介绍过Y&R的品牌资产评价者模型BAV，在该模型中，消费者对品牌价值的感知主要由四个部分组成：差异性、相关性、尊重程度、知晓度。其中尊重程度可以理解为美誉度，它是市场中人们对某一品牌的好感和信任程度。知晓度高的品牌，受尊重的程度不一定高，因此品牌传播工作的目标不能局限在提升品牌知晓度，同时还应该增加品牌的美誉度。品牌知晓度是美誉度的基础，而品牌美誉度才能真正反映品牌在消费者心目中的价值水平，二者都是衡量品牌价值的重要指标。知晓度可以通过宣传手段快速提升，而美誉度则需要通过长期而细心的品牌经营。

成功的品牌传播活动从效果上看，应该既能增加品牌知晓度，也能增加品牌的美誉度。在对美誉度进行测量时，主要考察的是把该品牌作为理想品牌的人数占被调查者总人数的比率，即品牌美誉度＝把该品牌作为理想品牌的人数／被调查的总人数 × 100%。将传播活动执行后测量得出的品牌美誉度与活动开展前的美誉度进行对比，可以得出本次活动对品牌美誉度的影响，从而评估传播效果的达成情况。

3. 品牌偏好度

品牌偏好是指目标消费者对某一品牌的喜欢程度很高，超过对同一类产品中的竞争品牌的喜欢程度。因此，品牌偏好是对消费者的品牌选择意愿的了解。消费者可能对该品牌有积极的态度和评价，也可能对其他品牌有同样的积极态度和评价，比如对某个消费者来说，可能奔驰、宝马、奥迪等德系车型的品牌美誉度都很高，但对于某个特定品牌来讲，品牌传播要达到的目标需要更进一步，也就是说要让消费者更喜欢其中的某个品牌，即建立和增加品牌偏好，因为所有的购买活动，就算有偶然因素发挥作用，也必然都受到偏好的影响。

对品牌偏好的测量可以采用排队法，要求被访问者根据对某种产品类别中的各种品牌的喜欢程度进行排队，根据该品牌在所有被测试品牌中的相对位置来计算其受偏好的程度。当竞争品牌较多时，也可以采用配对法，以两个品牌为一组，进行交叉的两两配对比较，分别找出喜欢其中哪一个品牌，对结果进行量化后计算该品牌受偏好的程度。同样地，在传播活动执行后得到的品牌偏好程度与活动执行之前的偏好程度进行对比，就能得出本次传播活动的传播效果。

第四节 评估受众行为的变化

上述几个小节的内容从信息接触、信息内容、态度改变等方面对品牌传播效果的评估进行分析，主要是为了了解人们对于品牌传播活动的看法和感觉，分别属于传播效果中的接触、认知、态度三个层面。从营销的角度来看，品牌传播唯一有效的评估标准可能就是实际的销售额变化，也就是说消费者购买行为的产生。当然，可见的收益提升是任何营销投入都想要达成的目标，但是正如前面我们对传播效果是什么的分析中所讲到的那样，并不是所有的传播目标都可以用销售数据来衡量，因为受众的行为反应也不是只有及时的购买行为这一项。从长远来讲，对品牌的关注、口碑传播等参与性行为都有可能转化为对品牌产品的购买。

在这一小节里，我们主要从购买行为和参与品牌传播行为两个角度来评估品牌传播活动的效果。

一、评估购买行为

1. 销售额变化

相对来说，想要测量传播活动后产品销售额的变化数据是比较容易的。信息的影响如果能转化为具体的购买行为，那么消费者通常会选择到实体店去进行购买，或者在网上进行在线订购，这两种渠道的数据都能被准确搜集到。许多实体零售店都会通过扫描产品条形码来搜集数据，在线销售平台也同样可以对订单数量进行统计，一般以每周统计一次，有些甚至可以每天或者在当天的任何时间点都能获取实时的销售数据。

这些数据对于企业来说是非常重要的，可以帮助他们了解某个特定的营销传播活动产生的效果和影响。销售额的明显提升能证明营销传播活动产生了积极的影响，但反过来可能不一定成立。在分析消费者行为过程时我们曾提到，就算消费者产生了要购买某个品牌产品的意愿，也有诸多因素会阻碍其购买行为的产生，比如手上暂时没有多余的钱，到了商店之后发现有另外一个品牌的同类产品价格更加优惠，或者被网上某个其他商品的广告推送所打动，诸如此类的一些原因都使得最终的购买行为无法实现。

对于广告传播来说，通过销售额数据的变化来衡量其效果的评估方式是有缺陷的，因为广告通常具有滞后性，很多时候，消费者被广告所打动，但是要等到真正有需要时才会购买。而且对于销售额的变化，我们很难将广告的影响和上述一些消费者个人因素的影响区别开来。同样无法区别的还有在整合营销传播中，到底是广告、促销还是事件对销售额产生了影响，在这种情况下，评估整合营销方案的整体效果可能更合理。

销售额数据对于评估单纯的促销传播效果来说可能更合理，因为促销的本质就是通过提供利益刺激，短期内促进消费者购买产品，以达到扩大销售量的目的。在价格折扣、发放优惠券、举办竞赛或者进行销售点展示期间，测量实际销售额的变化来评估促销的效果，这种评估方式也很容易操作。

2. 其他与购买相关的品牌反应

虽然有些消费者不会马上产生直接的购买行为，但受到品牌传播的影响，他们也会采取一些其他的行动，比如打免费电话或者直接进店进行咨询。在有些针对企业客户或者商家的广告、直邮、电视直销或者降价折扣活动中，会给每个营销方案分配一个免费的电话号码，在接听打进来的电话时，就能收集到大量的信息，免费电话号码可以帮助发现何种营销传播方案最有效，也能获取许多与目标客户相关的重要信息，有利于品牌后期制定更合理的营销传播策略。

此外，通过传播活动对品牌产生兴趣之后，许多消费者会进行网络搜索，以获取更多与品牌相关的信息，因此，品牌的搜索量、转跳至官网的人数、官网的访问量、新用户注册量、微博账号的影响力排名等数据也可以用来衡量特定品牌传播的效果。通过使用cookies技术，分析团队可以获得询问品牌信息的消费者个人情况，还可以通过对消费者互联网浏览踪迹的追踪，来获知消费者对网络互动传播的反应。

如今，通过大数据能够统计从传播展示到用户点击再到下单购买的全程数据，准确核算出营销传播投入的效果。大数据技术还可以收集和分析用户接触不同媒介渠道和信息的具体行为，计算出不同媒介渠道和不同信息内容的效果。

二、评估传播参与行为

除了购买行为，以及与购买行为相关的信息咨询行为之外，消费者还有另外一种非常重要的行为反应，那就是参与品牌传播。在传统的沟通环境中，这种参与主要是通过人与人之间的口碑来实现，比如告知身边的人自己所了解的品牌信息，或者对品牌的评价，在网络新媒体时代，消费者的参与手段变得更加丰富。

1. 传播分享行为

前面我们介绍过日本电通广告公司提出的基于网络时代的新消费模型AISAS理论，在这个模型中，后三个步骤搜索（Search）、购买（Action）、分享（Share）是营销传播效果的分解和延伸，其中对购买和搜索的评估我们在上面一部分内容中进行了介绍，在这里分享是受众参与传播行为的重要体现。

以现阶段流行的微博和微信为代表的社交媒体营销传播为例，用户参与度被大多数企业用于评估营销传播的效果。微博传播效果的测量主要是对转发量、评论数、点赞量、关键词提及量、@好友数进行统计；针对微信则主要测量粉丝数、互动量、朋友圈转发次数、朋友圈评论次数、好友推荐次数以及主动收藏次数等数据。

在这种传播模式下，受众既是信息接收者也是信息传播者，能即时产生二次传播，也是传统口碑在互联网时代的体现。同时也有调查结果显示，近54%的用户表示，所关注的微博用户或粉丝推荐和分享会增加其对产品、品牌的兴趣和好感，也有超过40%的用户表示这些推荐和分享会成为购买时的选择之一。可见品牌信息经由受众的二次传播会产生非常惊人的效果。

从信息分享的质量上来看，品牌在微博或微信等社交平台发布信息之后，如果通过内容分析发现获得的回复和转发大部分都是正面的、积极的，则该传播活动对于提升品牌美誉度、形成良好的品牌形象发挥了积极的作用。

2. 活动参与行为

在前面的章节中,对于消费者参与品牌传播的意义和方式我们做过详细介绍。如今,几乎所有大的公司和品牌在制定整合营销传播方案时都会将消费者纳入进来,消费者参与是整个传播活动非常重要的一环。在许多的案例中,消费者参与活动的程度直接决定了活动的成功与否。

如前面我们介绍过的肯德基"炸鸡大PK"品牌传播活动,在该活动中,肯德基邀请了两位明星分别来为"吮指原味鸡"和"黄金脆皮鸡"两个产品做代言,并鼓动消费者通过线上投票平台为自己支持的明星和产品投票。活动最终吸引到全国的170万名消费者参与投票,庞大的参与人数一方面使肯德基本次活动的辐射面得到保证,另一方面也能从消费者的参与行为中挖掘有价值的信息,为品牌的产品创新策略提供依据。

乐事曾经连续几年推出一个向网友征集薯片口味的竞赛活动Do Us a Flavor(乐味一番),最终的获胜者可获得100万美元大奖,或得到这款口味薯片销量净利润1%的提成。2012年,该活动搜集了400万个口味创意。通过这种竞赛式的活动参与,乐事母公司在美国地区的Facebook粉丝数量增长了3倍,公司在全美范围的销量也增长了12%。到2014年,乐事决定再次使用这种方式,并加入了一些新的规则,依然吸引了众多消费者参与。

通过参与品牌传播活动,消费者能获得一种满足感,对于品牌来说可以维系与老客户的情感和关系,也可以发展新客户,若能形成大量的口碑传播,甚至会引来各大媒体竞相报道,最终扩展和延伸品牌传播的效果。

然而,一项由智威汤逊公司发起的调查研究却表明,在亚太地区特别是中国,消费者对于参与品牌互动活动并没有太大热情,人们对于品牌的网络互动活动是比较犹豫,有些甚至抱怀疑态度,他们并不喜欢做对品牌有利、对自己却没什么益处的事。

该项研究还发现,中国的受访者虽然会主动地表达喜欢,进行分享和评论,但他们并不愿意为品牌做更多,仅有38%的受访者愿意与品牌在线互动,而愿意通过创造内容的方式来参与品牌活动的比例更是低到只有12%,对于没有意向购买该品类产品的消费者,其参与水平比这个数字还要低。

由此可见,虽然消费者的积极参与能使传播活动获得更好的效果,但是在具有不同文化传统的市场中,消费者的参与意愿和程度也不一样。同时,消费者参与程度也会受到信息内容本身、参与流程与规则设定等方面的影响。因此,从消费者参与的角度来评估传播效果时,需要综合考虑上述多方面的因素。

参考文献

一、著作

【1】[美]凯文·莱恩·凯勒. 战略品牌管理[M]. 卢泰宏,吴水龙,译. 北京:中国人民大学出版社,2009.

【2】[美]菲利普·科特勒,[美]加里·阿姆斯特朗. 市场营销[M]. 楼尊,译. 北京:中国人民大学出版社,2015.

【3】[美]肯尼思·E.克洛,[美]唐纳德·巴克. 整合营销传播:广告、媒介与促销[M]. 谭咏风,胡静,译. 上海:格致出版社,上海人民出版社,2015.

【4】[美]戴维·阿克. 管理品牌资产[M]. 吴进操,常小虹,译. 北京:机械工业出版社,2013.

【5】[美]戴维·阿克. 创建强势品牌[M]. 李兆丰,译. 北京:机械工业出版社,2013.

【6】[美]戴维·阿克,[美]埃里克·乔基姆塞勒. 品牌领导[M]. 耿帅,译. 北京:机械工业出版社,2013.

【7】[美]马格·戈拜. 情感化的品牌:揭开品牌推广之谜[M]. 王毅,王梦,译. 上海:上海人民美术出版社,2011.

【8】[英]马修·赫利. 什么是品牌设计[M]. 胡蓝云,译. 北京:中国青年出版社,2009.

【9】余明阳,朱纪达,肖俊崧. 品牌传播学[M]. 上海:上海交通大学出版社,2005.

【10】陈刚,沈虹,等. 创意传播管理——数字时代的营销革命[M]. 北京:机械工业出版社,2014.

【11】纪华强,杨金德. 公共关系的基本原理与实务[M]. 厦门:厦门大学出版社,2013.

【12】李光斗. 事件营销——引爆流行的行销艺术[M]. 北京:清华大学出版社,2012.

【13】[美]威廉·阿伦斯,[美]迈克尔·维戈尔德,[美]克里斯蒂安·阿伦斯. 当代广告学[M]. 丁俊杰,程坪,陈志娟,等,

译. 北京：人民邮电出版社，2013.

【14】[美] 迈克尔·所罗门，卢泰宏，杨晓燕. 消费者行为学 [M]. 杨晓燕，郝佳，等，译. 北京：中国人民大学出版社，2014.

【15】[英] 维克·托迈尔-舍恩伯格，[英] 肯尼思·库克耶. 大数据时代——生活、工作与思维的大变革 [M]. 盛杨燕，周涛，译. 杭州：浙江人民出版社，2013.

【16】[美] 麦德奇，[美] 保罗·B. 布朗. 大数据营销：定位客户 [M]. 王维丹，译. 北京：机械工业出版社，2014.

【17】[美] 唐·E. 舒尔茨，[美] 菲利普·J. 凯奇. 全球整合营销传播 [M]. 黄鹂，何西军，译. 北京：机械工业出版社，2013.

【18】郭庆光. 传播学教程 [M]. 北京：中国人民大学出版社，2011.

【19】[美] 威尔伯·施拉姆，[美] 威廉·波特. 传播学概论 [M]. 何道宽，译. 北京：中国人民大学出版社，2010.

【20】彭兰. 网络传播学 [M]. 北京：中国人民大学出版社，2009.

【21】舒咏平，郑伶俐. 品牌传播与管理 [M]. 北京：首都经济贸易大学出版社，2008.

【22】段淳林. 整合品牌传播：从 IMC 到 IBC 理论建构 [M]. 北京：世界图书出版公司，2014.

【23】胡晓云，等. 品牌传播效果指标 [M]. 北京：中国传媒大学出版社，2007.

【24】张金海，龚铁白，吴俐萍. 广告运动策划教程 [M]. 北京：北京大学出版社，2006.

【25】黄升民，段晶晶. 广告策划 [M]. 北京：中国传媒大学出版社，2013.

【26】程士安. 广告调查与效果评估 [M]. 北京：复旦大学出版社，2015.

二、论文

【1】段淳林，谭敏. 营销3.0视域下的品牌传播新特征探析 [J]. 华南理工大学学报（社会科学版），2013，15(6).

【2】王佳炜，陈红. SoLoMo 趋势下品牌传播的机遇与应对 [J]. 当代传播，2013，(2).

【3】黄胜兵,卢泰宏. 品牌个性维度的本土化研究[J]. 南开管理评论, 2003, (1).

【4】邬晶晶. 个人微信公众号的时尚传播新模式——以"石榴婆婆报告"为例[J]. 当代传播, 2014, (6).

【5】许正林,石娜. 2015年中国广告学术研究八大观点[J]. 中国广告, 2016, (4).

【6】蒋洛丹. 大数据背景下网络广告转型的思考——以实时竞价广告(RTB)为例[J]. 当代传播, 2015, (3).

【7】周子渊. 品牌3.0时代的传播特征分析[J]. 商业经济研究, 2009, (32).

【8】蒋玉石. 口碑、口碑传播和口碑营销的辨析[J]. 特区经济, 2006, (11).

【9】谭辉煌. 大数据背景下广告的形态变迁、价值和产业转型[J]. 临沂大学学报, 2015, 37(1).

【10】刘晓英,黄露. 大数据时代下的企业品牌传播策略研究[J]. 华南理工大学学报(哲学社会科学版), 2016, 18(1).

【11】张辉锋,吴文汐. 消费者情境的发掘——大数据时代广告投放的新水平[J]. 西北大学学报(哲学社会科学版), 2014, 44(4).

【12】单文盛,姜丽秋. 企业微博营销传播效果评估指标研究[J]. 长沙大学学报, 2014, 28(4).

【13】赵琼. 网络营销传播效果评估[J]. 理论界, 2009, (11).

【14】张翠玲. 虚拟品牌社区中的信息传播策略与消费者参与研究——以新浪企业官方微博为例[J]. 传媒, 2016, (9).

【15】黄升民,刘珊. "互联网思维"之思维[J]. 现代传播, 2015, (2).